Déjà paru du même auteur

Je viens d'ailleurs
ISBN N° 9782955419410

Vous devenez ce que vous mangez
ISBN n° 9782955419427

50 recettes de cuisine
ISBN n° 9782955419434

De la peur à l'Amour
ISBN n° 9782955419441

La perfection des Lois Universelles
ISBN n° 9782955419458

Les Lois Universelles expliquées aux enfants
ISBN n° 9782955419465

Les bonnes soupes maison
ISBN n° 9782955419496

Vertu Mondiale©
Véronique Mercié
62164 AUDRESSELLES
ISBN n° 9782957099504
Dépôt légal 1er trimestre 2020
vertumondiale@gmail.com

L'A.B.C. DE LA PSYCHOLOGIE POSITIVE

La définition des Lois Universelles est le fait que des Lois s'étendent à l'univers entier, des lois qui embrassent la totalité des êtres et des choses. Nous avons plus l'habitude d'entendre parler de lois physiques ! Celles qui gèrent notre monde afin que nous puissions vivre dans un minimum d'harmonie. Quelle ne fut pas ma surprise lorsque l'on me parla de ces merveilleuses Lois la toute première fois ! Que dire !!! Oui, j'ai dû avoir les mêmes mots, les mêmes pensées que la plupart des gens qui n'en n'ont jamais entendu parler voire vous-même !

L'embrasement des Lois Universelles qui englobe toute vie, toute être vivant dans le cosmos, dans l'Univers, nous parait plutôt utopique ! Notre égo, nos pensées, très terre à terre, nous ont posé des voiles, fermé les portes de la compréhension et des connaissances. Sans compter que tout ceci est plutôt fantaisiste, voire surnaturel et que nous ne sommes pas **habitués** à penser que cela puisse être vrai et vraiment apparaitre dans notre vie ! Encore moins que cela puisse venir et être créé par notre cerveau !

Nous sommes entrés dans un moule de pensées collectives dès notre naissance. Dans le NOOS, une masse vivante de pensées non créées, dans l'attente d'une cristallisation de l'une d'entre-elles par l'un d'entre nous. Tout notre Univers fonctionne d'une façon extraordinairement simple !

Oui, oui, je vous assure, le **tout est d'accepter** que tout ceci, tout ce qui est autour de vous, ce que vous vivez, puisse être modifié comme le fait de ranger un livre qui ne vous plait pas sur l'étagère de la bibliothèque de votre salon et d'en saisir un autre dont l'histoire vous conviendrait mieux ! C'est aussi simple que cela !

L'une des lois Universelles, la plus connue de toutes, est la puissance de la pensée : nous nous apportons tous ce que nous pensons. Nous nous rabâchons cette phrase en oubliant d'en saisir le sens réel. Pour nous, il est inconcevable que notre cerveau puisse fonctionner comme notre merveilleux téléphone portable ou notre télévision ! N'y a-t-il pas une panoplie d'informatique dans ces petits engins, des fils à n'en plus finir, des mémoires, des programmes et j'en passe ? Alors pourquoi notre cerveau ne pourrait-il pas être un émetteur-récepteur comme cette technologie de pointe alors que rien de tout ce qu'il y a dans ces appareils, ne se trouve dans notre tête ! Cela paraît tellement invraisemblable que personne ne cherche plus loin !

Comment faire comprendre à notre cher égo, à notre tête blonde que c'est elle qui dirige notre vie, que nous ne la maitrisons pas et que tant que nous n'apprenons pas à le faire, c'est comme conduire une formule 1 **exempt** de leçon de conduite sur des sentiers de campagne remplis de nid de poule !

Je vous laisse imaginer ce que tout cela peut donner !

Alors, nous parlons de Loi d'Attraction tout au long de notre vie sans réellement bien la comprendre. Nous nous amusons à la spolier, à la dénigrer pour diverses raisons toutes plus logiques les unes que les autres, lorsque nous en sommes au B.A.BA de la compréhension. La puissance de la pensée par la focalisation de souhaits que nous aimerions voir réaliser dans notre vie à plus ou moins long terme est une chose, la mettre en pratique en est une autre. C'est vrai qu'il est difficile d'admettre, même en 2019, que notre cerveau puisse émettre une attraction tel un aimant, à laquelle nous ne pouvons pas nous soustraire parce que c'est une loi universelle propre à tout être humain, à tout être vivant ! Donc, dans la logique des choses, nous sommes tous identiques dans notre matière physique, tous autant que nous sommes sur notre merveilleuse Terre !

L'immensité des sites parlant de la Loi d'Attraction sur le moteur de recherche est vraiment impressionnante. Certains la dévoile plus ou moins, d'autres sont un ramassis de mensonges et ceux qui restent sont plutôt futuriste dans leurs explications, vous empêchant de fouler ce chemin merveilleux qu'est la création de votre vie…

Il faut avoir la foi pour marcher sur le sentier de la compréhension, il faut avoir de la force, parce que bien des familles peuvent ne pas comprendre votre choix… C'est une promenade que l'on fait généralement seul… Personne ne vous accompagne parce qu'il est plus facile de vivre dans le mensonge que de chercher la Réalité de ce Monde !

J'ai découvert cette Loi d'Attraction il y a bien des années. J'ai appris comme tout un chacun qui chemine sur cette voie, qu'il était parfois difficile de tenir une idée, une pensée toute la journée, de ne focaliser que sur cette dernière, sans vraiment bien comprendre toutes les conséquences que cela engendrait dans ma vie, mais également dans celle des autres et pour l'humanité. Je dirais même qu'il vous faut un certain temps de compréhension pour enfin **accepter** que tout ce qui est là autour de vous... vient de vous !

Il y a une méthode, une façon de faire unique comme le Uni de Univers. C'est mon expérience que je partage avec vous, pour que vous puissiez à votre tour, aller sur ce chemin merveilleux de la vraie Vie. Lorsque je découvris La Loi d'Attraction, je m'évertuais à focaliser le bien-être, le bonheur, la paix, la richesse dans ma vie. Je me délectais de vivre dans cette maison que j'appréciais visuellement, je me voyais dedans, entrain de rire, de peindre et de jardiner... Je marchais dans la rue en focalisant sur toutes ces choses que je demandais, que je souhaitais voir arriver dans ma vie, pensant que c'était bien pour moi, que c'était ce que je voulais... sauf que je ne savais pas comment tout cela fonctionnait ! J'avais un mal fou, comme vous peut-être, d'accepter que mon cerveau fût le créateur de ma vie !

Qui plus est, il me semblait que le masochisme était de rigueur si j'avais souhaité un tant soit peu tout ce que j'avais vécu ! Ces expériences venaient des choix que je faisais ! Je trouvais tout cela un peu illogique ! Je ne comprenais pas pourquoi, je désirais tant me faire du mal !

Je demandais à l'Univers tout un tas de choses exempt de sagesse à savoir si ce que je désirais, était bon pour moi et pour l'humanité !

Comme bon nombre de personnes sur cette Terre, je pensais que la vie n'était pas facile, qu'elle me réservait toutes sortes de difficultés… et pour cause !

Cela me fait bien sourire maintenant parce que lorsque je pense à toutes ces Connaissances que l'on m'a apportées, que j'ai comprises, que j'ai été cherchées, je sais également qui me les a apportés …

Pourquoi ?

Tout simplement que tout ce que j'ai vécu dans ma vie, c'est moi qui me le suis créé !!! J'ai eu beaucoup de mal à accepter cette analyse et plus je faisais la dissection, la décomposition de toutes ces années, je me souvenais de mots, de phrases prononcées qui m'avaient amenées dans ce labyrinthe dont je sortais victorieuse aujourd'hui… Des mots qui venaient de ma pensée avant tout et dont je n'avais pas conscience !

Je me suis aperçue que la focalisation de tels souhaits, voire d'autres totalement inconnus pour moi, était dangereux pour ma vie si je ne maîtrisais pas correctement la VRAIE puissance de ma pensée.

Je pris donc à bras le corp cet enseignement totalement fabuleux et je suis devenue cette femme merveilleuse, psychothérapeute en EFT, conseillère en Fleurs de Bach et thérapeute en médecine quantique. Qui plus est, de la femme au RSA, je devins créatrices de Ponchos à la marque déposée et peintre dans mes loisirs… et médecin quantique… Conférencière à mes heures perdues, formatrice dans ce domaine fabuleux de la pensée et j'habitais un petit village ou le calme régnait en maître.

Que du bonheur !

Appliquer la Loi d'Attraction sans comprendre la puissance de la Pensée, sans découvrir pourquoi nous sommes arrivés ici dans ce monde, est une gabegie de notre énergie, une foire commerciale des plaisirs... J'entends invariablement sortir de votre bouche les mots : « ça ne marche pas » ...

J'irais droit au but : Si vous ne vous sentez pas la force de faire cet enseignement pendant plusieurs mois voire quelques années, laissez ce livre là où il est et passez votre chemin ! Si vous aimez les beuveries, faire du mal à n'importe quel être vivant sur cette planète et que vous n'envisagiez pas de modifier votre comportement par le plaisir que cela vous apporte, ce livre n'est pas pour vous non plus...

Il faut savoir également, qu'une fois le travail commencé, il est à continuer toute votre vie ! J'explique les raisons dans ce livre, elles sont logiques et pleines de sens...

Êtes-vous prêt à cela ?

Parce qu'il est toujours plus facile de subir sa vie, d'écouter et de participer à la négativité de ce monde que de sortir du cadre ! La découverte du VRAI fonctionnement de la Pensée et des conséquences immédiates ou tardives pour vous et l'humanité, sera une vraie révélation ! Le but est merveilleux et il faut faire des efforts !

- Croyez-vous que le marathonien arrive à la fin de son périple comme cela, sans rien faire ? Non, il s'entraîne dur chaque jour pour **vivre son rêve**...
- Croyez-vous que le boulanger ouvre une boulangerie sans avoir travaillé un tant soit peu la farine, il a été enseigné par un maître...
- Croyez-vous vraiment, qu'en un claquement de doigt, tout va vous être donné ?
- Le danseur de rue, ne s'entraîne-t-il pas chaque jour pour être au summum de la technique !

Il faut d'abord croire avant de voir !

Vous allez découvrir un autre vous-même dont la loi d'attraction ne vous parle pas... La compréhension de tout ceci va vous porter sur une route merveilleusement lumineuse, pleine de joie et de bonheur... Une route jalonnée des Lois Universelles dont l'Attraction fait partie...

Je vous parle des Lois Universelles qui ont pour principe logique d'être identique pour toute l'humanité, pour tout être vivant ici ou d'ailleurs. Nous parlons donc de Lois supérieures aux religions diverses et variées, identifiant l'homme par son Energie et non par sa couleur, je vous parle des Lois Universelles totalement libres de toutes entraves que l'être humain a pu créer tout au long de ces milliers d'années d'existences : interdictions, lois humaines, lois maritimes... Elles sont identiques pour tous les êtres de l'Univers quel qu'ils soient... Ces Lois Universelles étaient présentes bien avant nous parce que nous sommes là grâce à Elles... Sans ces Lois, nous n'existerions tout simplement pas et surtout, nous sommes ici pour en comprendre ou réapprendre leur fonctionnement ! Nous sommes arrivés ici pour les mettre en applications et devenir ces êtres créateurs respectueux d'un Tout dont nous faisons partis…

Tout le monde s'accorde pour dire que nous avons été créés par des êtres de Lumière, des êtes Divins, des Êtres Immortels, Dieu… suivant les aspirations religieuses que nous puissions avoir. Je tiens à stipuler que je suis hors de toutes religions… Il est heureux que nous soyons tous en accord sur quelques sujets, ce malgré la couleur, le pays d'appartenance, la religion et les tendances politiques… dont je parle dans le livret « De la peur à l'Amour ».

Je reviens donc sur le **verbe CREER** !

Dans le dictionnaire, la définition de ce verbe est :

- *Donner l'existence à. Donner l'existence à* **quelqu'un** *ou à quelque chose en les tirant du néant.*

Nous sommes donc tous d'accord sur le fait que nous ayons été tirés du néant, du vide, par ces êtres de Lumière, par Dieu, par un guide, un père, un double, un pair, un autre nous-même pour former une paire… sans vraiment s'intéresser au sujet et sans tenter de le comprendre ! Personne ne cherche pourquoi, ni comment !

Il me semble que c'est pourtant sur l'importance de ces derniers mots que nous devrions porter notre attention !

Négatif ≠ Positif

Comment créons-nous le négatif et le positif ?

Savez-vous qu'un humain émet plus de 60 000 pensées par jour environ ! Oui 60 000 à 70 000 vous imaginez !

Tout au long de votre journée, vous vaquez à vos occupations, vous travaillez, vous rencontrez des gens, vous parlez avec votre famille, vos collègues de travail, vous faites vos courses, vous allez au sport, vous portez les enfants à leur distraction, vous faites les vôtres… tout au long de ce jour, vous pensez à tout ceci, vous engagez des conversations avec d'autres… Certains sujets de conversation sont positifs… Toutefois, lorsque vous ne connaissez pas le fonctionnement de ces merveilleuses Lois Universelles, les paroles que vous émettez sont dirigées vers le négatif…

Vous répétez, vous ressassez encore et encore tous ces sujets dont vous vous délectez par l'horreur qu'ils vous apportent exempt de conséquences qu'ils vont vous apporter à vous et aux autres… Le tout agrémenté de votre responsabilité à toute cette création inconsciente ! Vous vous plaignez de la pluie, du beau temps, des problèmes que vous rencontrez pour diverses choses qui traversent actuellement votre vie, vous enjolivez ce que vous narrez aux autres, vous aimez que l'on vous plaigne et vous en rajoutez encore et encore sans pourtant comprendre que cela parait totalement invraisemblable et de ce que vous vous amenez dans votre propre vie et celles des autres…

Toute cette activité cérébrale et journalière vous fait aller chercher votre pain, lever le bras pour vous coiffer, vous doucher, vous laver les dents, aller au travail… Vous pensez tout cela avant que cela n'arrive dans votre vie en totale inconscience… Certaines pensées sont devenues des habitudes comme l'envie de prendre un café le matin, vous doucher, vous habiller… on nomme cela les gestes machinaux, tout comme le fait de respirer… vous ne vous dites pas :

- Il faut que je respire, il faut que je respire et c'est tout…

Tout comme à l'apparition du téléphone portable, beaucoup se sont poser la question de son mode de fonctionnement. Désormais, il est intégré en nous au point que même les jeunes enfants savent comment cela fonctionne… parfois mieux que les adultes.

Si vous pensez entre 60 000 et 70 000 pensées par jour, tous les membres de votre famille le font également, n'est-ce pas ? Nous pouvons tirer cette conclusion pour vos collègues de travail, les commerçants de votre ville et casons dans cette logique les habitants de cette même ville !

Poussons l'analyse plus loin : combien sommes-nous sur Terre ?

Presque bientôt 8 milliards ! Alors multipliez c'est deux nombres et vous trouverez le potentiel journalier de la Conscience Collective ! C'est-à-dire 560 000 000 000 000 de pensées par jour !!! Multipliez par 365 jours et vous comprendrez aisément que ces pensées puissent former une matrice vivante dans laquelle on va piocher des idées, et toute notre éducation humaine… parce que votre cerveau est un émetteur-récepteur !!! Il peut donc envoyer des pensées et en recevoir…

Or, les pensées sont de l'énergie. Chaque pensée que vous émettez, permet une interconnexion dans votre cerveau qui émet de la lumière et qui du coup, a une influence dans votre vie, dans votre monde matériel… Un peu comme une ampoule qui s'allume au contact de l'électricité par le biais d'un interrupteur !

Depuis des milliers d'années, des êtres vivants sont sur Terre et tous ont pensé avec un langage propre à chacun.

- Où toutes ces paroles dites voire non dites, ont-elles été ?
- Où vont les nôtres d'après vous ?
- Que deviennent-elles ?
- Qu'ont-elles comme pouvoir dans notre vie de tous les jours ?

Nous sommes presque 7 800 000 000 humains sur Terre, et chacun pense que la vie que nous menons en ce monde est logique et normale ! On nous a appris que nous ne pouvions rien faire pour la modifier et que c'est comme cela, on n'y peut rien !!! Qui n'a jamais entendu cette phrase émise par l'un de ces proches ?

Qui se pose les questions suivantes :

- Pourquoi parlons-nous toujours de catastrophe à la télévision, dans les journaux, sur les réseaux sociaux ?
- Pourquoi un arbre peut-il vivre plusieurs milliers d'années et que l'homme ne soit limité qu'à 70 voire 120 ans grand maximum ?
- L'homme n'est-il pas au sommet de cette hiérarchie ?
- N'est-il pas l'être doué de pensées ?
- Pourquoi n'arrivons-nous pas à réguler notre belle nature ?
- Pourquoi tant de haine, tant de peur sur Terre ?
- **Pourquoi vivons-nous toujours ce que nous ne voulons plus vivre ?**
- .../...

Je me suis posée toutes ces questions dès ma plus tendre enfance. Elles ont été le fil d'Arianne de ma vie, me portant çà et là au gré de ma compréhension et de mon évolution. Imaginez une petite fille de 6 ans posant des questions bien embarrassantes face à un tableau au Louvres : la Cène... Pourquoi me disait-on que Jésus était entouré d'homme alors que sur le tableau se trouvait une femme ?

Ma famille fut bien empêtrée avec une enfant comme moi. Elle a bien tenté de me faire entrer dans le moule, de m'inculquer les lois humaines... Je peux affirmer qu'elle a bien eu du mal à m'y faire entrer, que certaines tentatives plus virulentes que d'autres, m'ont fait parfois basculer dans la boîte de pandores.

Cependant, le sujet dont je traite dans mes livres était tellement important pour moi, que même à cet âge, je trouvais toujours la force de m'extraire de cette illusion pour retrouver la réalité de ma Vie.

Qu'elle est donc cette réalité ?

Notre cerveau est comme un coffre à jouet : dedans il y a tout ce que nous détestons et tout ce que nous aimons. Tout ce que vous avez fait, tout ce que vous avez pensé dans votre journée, s'y trouve, bien ou pas bien ! Que vous l'aimiez ou pas, c'est dans le coffre à jouet, comme vous rangez les jouets de vos enfants dans le coffre alors qu'il ne veut plus en entendre parler ! Il faut bien les mettre quelque part ! C'est la même chose avec vos pensées, il faut bien qu'elles aillent dans un lieu et nous allons le nommer un grand coffre à jouets !

Quand vous faites une analyse de vos discussions, vous comprenez vite que vous émettiez beaucoup de négatif ! Vous critiquiez peut-être la voisine, le travail d'untel, la cuisine de l'autre, le prix qu'une autre personne a mis dans sa voiture, du coup vous ne la trouvez pas à votre gout… Tout est inscrit dans votre énergie, toutes vos pensées dites oralement ou dans le silence, y sont soigneusement répertoriées et ce depuis votre naissance ! Toutes les paroles que vous entendiez à peine nés, sont inscrites en vous et forment ainsi des chemins familiaux qui ne sont pas les vôtres...Vous foulez la route que d'autres vous ont tracé par l'éducation humaine, scolaire et familiale...

Dans cette magie fabuleuse, nous avons le choix, le libre arbitre, bien que peu y croient. C'est un principe que tout le monde possède sans comprendre son fonctionnement...

Oui nous avons le choix de participer à des conversations sur la guerre, sur le terrorisme, sur le réchauffement de la planète et toutes ces horreurs dont on entend parler chaque jour dans les médias ou de nous tourner vers des partages de paix, de bien-être, de solutions à un mieux-être pour notre belle Terre... Comme nous avons le choix de détruire tout ce qui est à notre portée, de jeter nos ordures à la mer ou encore cracher par terre ou de respecter les animaux, la faune, la flore, la terre et ses océans... Oui c'est le libre arbitre dont on parlera plus amplement dans les prochains chapitres et vous verrez qu'il a une importance capitale dans notre vie et celles des autres et dans l'avenir de ce monde !

Revenons à notre coffre à jouets...

Imaginez que dans votre coffre à jouets, il y a 70 000 billes noires et blanches. Ces billes représentent vos pensées de la journée. Votre coffre à jouets se remplit donc de cette même quantité chaque jour de votre vie... Les noires représentent les idées négatives, la haine, la colère, les moqueries, les mauvais gestes. Les blanches représentent les pensées positives, les rires, la joie, le bonheur, l'entraide... Vous êtes âgé du nombre de bougies sur votre gâteau et c'est autant de pensées qui se trouvent à l'intérieur du coffre à jouets ! Imaginons que vous ayez 40 ans…

Il faut donc multiplier 40 par le nombre de jour dans l'année le tout multiplié par 70 000… Vous obtenez ainsi le nombre de billes qu'il pourrait y avoir dans le coffre ! Cela fait vraiment beaucoup !!! Souvenons-nous également que lors de toutes ces années, vous ne saviez pas gérer vos pensées et qu'elles aient été en très grosse majorité négatives… Il n'y a donc que très peu de billes blanches… Vous voyez sur l'image d'après qu'il est difficile de les voir, de les trouver et de les saisir !!! Cela parait même impossible !

40 x 365 x 70 000 =1 022 000 000 / an

On s'aperçoit rapidement que le contenu du coffre à jouets n'est plus intéressant. Pourquoi focaliser sur des idées que nous n'aimons pas, pourquoi parler de choses que nous n'aimons pas !!! Dans toutes ces billes, beaucoup concernent le même sujet ! L'humain adore rabâcher les éléments négatifs, les nouvelles des médias…

La loi d'Attraction vous dit d'ailleurs de ne plus y penser, de les oublier !!! **1ère erreur !**

Beaucoup pensent à tort, qu'une idée, une pensée lancée « comme ça », ne fera aucun dégât. A vos yeux, cette dernière n'est absolument pas importante et donc, vous passez à autre chose, à d'autres pensées inconsciemment négatives ou positives **exempt** de connaissance de ce que tout ceci vous apporte dans votre vie et dans le monde…

Vous êtes le magicien de votre vie !

Sachez qu'une pensée émise, quelle qu'elle soit, est une énergie envoyée dans l'Univers dans l'attente de sa création ! C'est la force de vos paroles, la puissance de votre intention et surtout la Foi en sa réalisation qui fait que cette pensée se transformera en création dans votre vie, vous en êtes le magicien !!! C'est un mélange d'intention, d'envies, de désir, de répétition et d'ondes hertziennes…

Votre pensée est donc partie pour être créée… Elle est dans « Le tout est possible ». Elle attend d'être enfantée par vous ou par quelqu'un d'autre !!! Souvenez-vous de la définition du verbe Créer ! Les synonymes de ce verbe sont vraiment explicites sur la signification de ce mot… Je vous encourage à chercher dans le dictionnaire ou sur le net ces derniers pour bien comprendre ce que vous ne voyez pas… Tout est à votre disposition, il suffit de chercher…

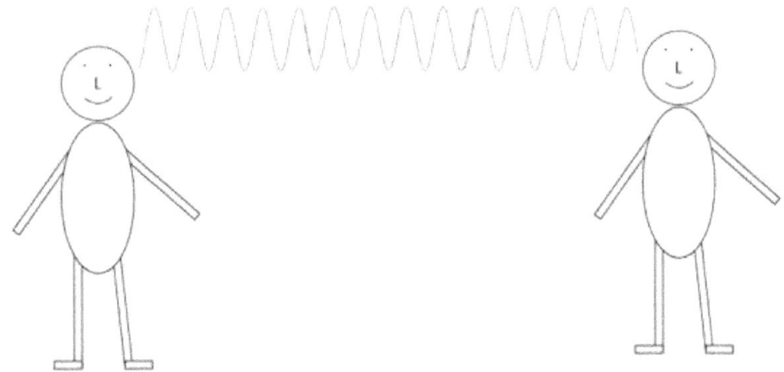

Le premier travail qui s'impose donc est un grand nettoyage comme celui que nous adorons faire au printemps, lorsque nous retournons tout à la maison…

Comment procéder et par quoi commencer ?

Je dirais que tout ce qui suit est à faire parce que tout est important ! Seulement, comme tout, il y a des priorités… Le tout est de savoir lesquelles sont les plus importantes !

Tout d'abord, préparez votre agenda comme les exemples suivants…

C'est vraiment la seule chose qui vous permettra de retrouver votre Double de Lumière. Notez la date à laquelle vous commencez ce livre le jour où vous énoncez les phrases ci-dessous. (Il faut les répéter chaque soir à voix haute, même si c'est dans un murmure).

C'est vraiment très important, pourquoi ?

Parce que vous allez voir votre vie se modifier lors des prochains 7 mois, ou plutôt 7 périodes de 35 jours + 3 jours soit 266 jours… bien entendu, le travail ne s'arrête pas là, il continu… Comme je vous l'ai dit plus haut, c'est un travail de chaque jour et tout au long de votre vie !

Je vous explique…

Vous prenez un grand calendrier. Vous faites une croix à la date d'aujourd'hui. Vous comptez 35 jours, vous refaites une croix et vous comptez encore 3 jours, vous refaites une croix…

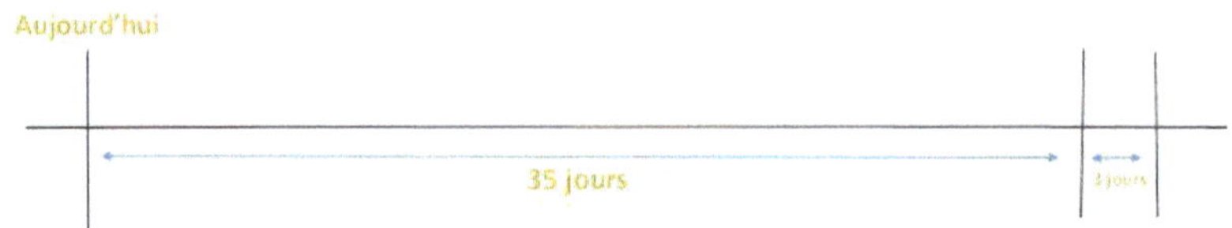

Après ces 3 jours, vous recomptez 35 jours, vous refaites une croix et vous recomptez 3 jours, encore une petite croix. Vous faites cela 7 fois. Si vous notez tout ce qui se modifie dans votre vie, vous constaterez les modifications sur une période de 266 jours.

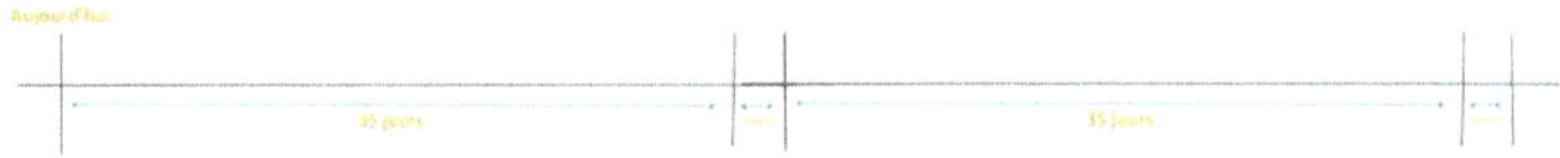

Il est évident que votre vie continuera de s'améliorer tout au long des années. Ces 7 fois (35 jours + 3 jours), sont nécessaires pour retrouver votre autre vous-même, votre Âme, votre Ange, votre Double de Lumière. On le nomme également votre Paire voire votre pair…

Ces retrouvailles sont longues parce que vous émettez des pensées négatives depuis votre naissance. Il faut donc que vous appreniez à nettoyer vos pensées, à les ranger, à les sélectionner. C'est comme pour nettoyer votre maison, votre bureau, laver votre voiture… il y a des jours, vous avez envie de le faire sans que quiconque vous ne le demande, d'autres fois, certains vous en parleront et vous diront de faire le nécessaire, d'autres fois encore il faudra insister et parfois ce désir de le pratiquer sera absent, tout simplement !

Si vous apprenez à gérer vos pensées, si vous y faites attention et si vous apprenez à effacer le négatif que vous créez et à vous **débarrassez des pensées qui ne vous appartiennent pas**, la création dans votre vie sera de plus en plus rapide… et se manifestera dans votre vie…

Comme vous le remarquez sur cette photo, il est plus facile de voir les billes blanches dans le coffre à jouets !

Si vous effacez vos mauvaises pensées tous les soirs avant de vous endormir, vous nettoyiez donc l'énergie de votre corps et vous stoppez ainsi la création de vos pensées négatives dans le monde du futur. Elles n'ont pas le temps d'être créées, elles s'effacent. Le but est d'émettre de plus en plus de pensées positives et d'effacer celles qui sont négatives dès leur création ! Votre Double du Lumière qui se charge de la sélection de l'une d'entre-elles lors du sommeil paradoxal, trouvera plus facilement les pensées positives ! Il pourra donc en sélectionner une facilement dans toutes vos pensées qui se trouvent dans l'eau de votre corps et la mettre en évidence pour vous dire que c'est cela qu'il a envie de vivre avec vous ! Il vous dira, vous montrera et insistera pour vous faire comprendre que vous avez bien entendu ce qu'il veut. Il faut lui demander de vous aider en prononçant les phrases que je vous indique chaque soir. Nous reviendrons plus en détail pour ce dernier paraphe, vraiment très important à comprendre…

- Mon Double de Lumière, je t'aime et je te remercie de tout ce que tu m'as fait vivre lors de cette journée.
- J'efface toutes les pensées négatives que j'ai pu créer lors de cette journée, même celles dont je n'ai pas conscience.
- Je renvoie toutes les pensées qui ne m'appartiennent pas, qu'elles soient négatives ou positives. Elles viennent d'autres que moi. Je les renvoie à leurs créateurs qui en sont responsables merveilleusement chargées d'Amour.

- Mon Double de Lumière vient trier, sélectionner et actualiser la meilleure création que j'ai pu créer par mes pensées pour nous deux, pour l'humanité et pour tout être vivant du cosmos.
- (Si vous avez besoin d'un conseil particulier) Donne-moi un signe que je peux voir, entendre et surtout comprendre qu'il vienne de toi pour confirmer que je suis bien sur le bon chemin et que c'est bien cela que tu veux que je fasse.

Ce Double auquel je vous demande de parler, avec lequel vous allez échanger des pensées voire même des actes… est l'Être le plus important de votre vie ! Nous en parlerons plus amplement dans les prochains chapitres…

Que deviennent nos pensées ?

Nous avons vu que notre cerveau était un véritable émetteur-récepteur sans fil, dont nous avons perdu le mode d'emploi depuis plusieurs décennies ! Nous avons appris également que nous pensions une ribambelle de pensées journellement. Nous nous sommes aperçus également que ces pensées étaient extraordinairement nombreuses tout au long d'une année ! Que dire pour une vie entière !!!

Alors que deviennent toutes ces pensées, où vont-elles et ont-elles des conséquences pour nous ?

Lorsque nous n'effaçons pas nos pensées, ces dernières sont toutes crées… Toutes sans exception ! Qu'elles soient négatives ou positives, le fait que vous y ayez pensé, suffit à sa création dans votre vie dans un lapse de temps plus ou moins long.

Comme un téléphone portable peut conserver la trace d'un appel non décroché dans sa mémoire ! Vous pouvez y avoir accès en fouillant ce dernier, même après plusieurs semaines !!! C'est la même chose pour votre cerveau !

Le ressassement, le fait de répéter continuellement les dernières nouvelles des médias, ne fait qu'amplifier les billes noires dans le coffre à jouets… Il y a un bel adage que j'affectionne particulièrement : Derrière les nuages brille le soleil !

Nous pouvons comprendre par ces derniers mots qu'il serait plus judicieux de chercher les points positifs que de se lamenter éternellement pour diverses choses qui parfois n'ont n'y queue ni tête, qui plus est ne nous concernent pas du tout !

En effet, lorsque nous ne savons pas effacer nos pensées, les billes noires brillent de toute leur négativité dans votre coffre à jouets, on ne voit que cela !!! D'ailleurs il suffit de vous écouter pour comprendre vers quel côté, votre cerveau à tendance à pencher !

Petit conseil : enregistrez une conversation entre amis et écoutez là plus tard, au calme et faites-en l'analyse. Vous comprendrez vite les causes de tout ce qui arrive dans votre vie !

Cependant, cela n'explique pas la direction que prennent nos pensées lorsque nous les émettons ! Nous pensons, et à juste titre, que nous vivons dans le présent. Si nous vivons dans ce temps que nous créditons comme « Réalité », où se trouvent le Passé et le Futur ?

En avez-vous seulement une idée !

Nous entrons dans un sujet assez complexe tout en étant limpide… Les pensées que nous émettons sont généralement des pensées de désirs, de souhaits… Qu'elles soient négatives ou positives. En effet, vous pouvez désirer et dire du mal de votre voisin, comme vous pouvez lui souhaiter le meilleur… Vous constaterez plus-tard qu'il est plus que nécessaire d'opter pour la deuxième solution !

Donc, ces pensées ne sont pas encore créées tout en entrant dans l'Energie… Elles existent certes en demeurant dans l'invisible où tout est possible. Ces pensées créent notre Futur… Ces pensées sont donc importantes pour vous…

Pourquoi le futur est-il aussi important pour votre vie ?

Si nous partons du principe que nous vivons ce que nous pensons, sans ces pensées rien n'est donc possible ! En effet, combien de gens dans la Spiritualité, dans le domaine thérapeutique voire d'autres… citent cette phrase sans vraiment bien comprendre ce qu'elle signifie…

Nous vivons ce que nous pensons !

Une analyse même rapide de ces quelques mots, montre bien, dans le sens même de la phrase, que c'est une réalité ! Le fait de l'écrire aussi facilement est un signe que l'Esprit est ouvert à toute éventualité… Ce que nous pensons émet de l'Energie, au point de le transformer en électricité et d'émettre de la Lumière… Toutes ces pensées sont donc bien réelles et partent inévitablement quelque part avant de revenir vers quelqu'un sur Terre, dans le Cosmos. Nous appelons cela, la conscience collective, le Noos, l'Energie Vitale, Dieu… suivant les croyances diverses et variées des peuples terriens. Si nous appliquons à la lettre l'adage cité plus haut : nous vivons ce que nous pensons, il est indéniable que si nos pensées s'arrêtaient, notre vie stopperait également ! En arrêtant de penser, chose qui est tout à fait impossible, parce que votre cerveau est là pour cela et que nous pensons entre 60 000 et 70 000 pensées par jour, vous n'envoyez plus d'idées, de désirs, de souhaits dans l'Univers, dans la Conscience collective et vous ne recevrez rien en retour de ce qui vous appartient… Oui, si uniquement vous, vous vous arrêtiez de penser, vous recevriez en retour des pensées qui ne sont pas les vôtres… Tous les autres êtres vivants pensent et si vous, vous ne le faites pas, vous utiliseriez des pensées qui ne sont pas les vôtres afin de créer un semblant de vie avec des idées qui ne vous appartiennent pas ! D'après vous, que peux donner une telle pratique ? Nous en parlerons dans le chapitre « Le verre d'eau ».

Le but de votre travail en lisant ce livre, est d'apprendre à créer une majorité de pensées positives, bénéfiques pour vous et pour l'humanité ; donc pour tout le monde. C'est vraiment très important de comprendre cela. Vous faites partie de cette humanité, c'est indéniable et vous ne pouvez qu'approuver cela ! Que pourrait-il vous arriver si vous ne le souhaitiez pas à l'humanité entière, voire à tout être vivant dans le Cosmos ? Cela ne vous reviendrait tout simplement pas parce que vous vous excluez vous-même de l'humanité… Lorsque nous comprenons que tout ce que nous pensons, les mots que nous prononçons, nous reviennent au centuple, nous assimilons également la nécessité absolue de ne vouloir que du bien de son voisin et pour l'humanité entière ! En ayant connaissance de cela, qui voudrait se faire mal lui-même, qui voudrait sa propre mort ? Personne…

Dès que vous émettez des pensées positives pour vous, pour l'humanité et pour tous les êtres vivants dans le Cosmos, vous vous apportez également le bonheur, la joie, la sérénité, la richesse qu'elle soit financière ou intellectuelle, la paix… que vous souhaitez aux autres parce que vous faites partie de cette humanité et de tous les êtres vivants dans le Cosmos. C'est une évidence.

Nous sommes sur Terre uniquement pour créer la vie que nous voulons. Nous ne sommes là que pour cela ! Le temps dans lequel nous vivons, le Présent, crée le Futur… Toutes ces pensées que vous émettez toute au long de votre journée représentent votre Futur. Or, il va falloir trier et sélectionner quelques idées dans tout ce fourbi et le faire arriver jusqu'à vous… C'est là que les choses pourtant simples, sont devenues compliquées par toutes les croyances que les religions, les médias, les informations… ainsi que les aïeux, nous ont laissé.

Nous avons vu deux temps, le Présent et le Futur… Vous savez comme moi, qu'il en manque un… Oui mais lequel ?

Beaucoup de gens disent haut et fort qu'il est impératif de se tourner vers le Futur et de demander pour recevoir !

Et si c'était faux ! Et si cela faisait partie des éléments incompris de l'humanité ! Et si cela vous apportait plus de déboire dans votre vie !

Je reviens sur le verbe CREER… dont les synonymes les plus explicites sont :

- Accoucher
- Mettre au monde
- Naître
- Donner la vie
- Mettre en œuvre
- Enfanter
- Faire naître
- Animer
- Engendrer
- Procréer
- Concevoir
- Imaginer
- Inventer
- Produire
- …/…

Et dont les significations suivantes devraient vous interpeller :

Le verbe créer désigne une puissance transcendante : Dieu ou un dieu.

- Donner l'existence à.
- Donner l'existence à quelqu'un ou à quelque chose en les tirant du néant. Créer le monde, les êtres. Créer la lumière
- ***Donner l'existence à quelqu'un ou à un type d'être ayant des qualités ou un statut spécifique***
- Modifier le type d'existence de quelqu'un, exercer sur quelqu'un une action qui a pour but de lui donner une personnalité qu'il n'avait pas auparavant.

- Donner l'existence à un type d'individu en le dotant de caractéristiques distinctives.
- Élever quelqu'un à une dignité, l'installer dans une fonction, le doter d'un titre ou d'un poste.
- Concevoir, imaginer quelque chose de nouveau, donner une forme originale à quelque chose.
- Imaginer, prêter un semblant d'existence à quelque chose d'irréel
- ***Être volontairement à l'origine de quelque chose, la provoquer intentionnellement***
- Produire, provoquer, être la source non intentionnelle, mécanique et parfois aveugle, de quelque chose.

Les définitions du verbe Créer sont bien explicites ! Ce n'est pas moi qui les ai inventées, c'est inscrit sur la toile !!! Ce pourrait-il que les réponses nous soient données, qu'elles soient à notre disposition et que nous ayons les yeux fermés ? Se pourrait-il que cela soit si simple que nous ne pouvons y croire ! Je n'ai rien inventé, j'ai simplement compris…

Une fois bien assimilé le verbe CREER, il est plus facile de comprendre le temps Passé. Il est plus aisé également d'assimiler que nous pouvons être à l'origine de changement chez les autres et faire cela intentionnellement, de façon mécanique voire inconsciemment !

Dans le Présent, le temps dans lequel nous vivons, il y a un passé qui représente toute votre expérience de vie, tout ce que vous avez fait donc… penser. Tout ceci est arrivé dans votre vie par votre volonté à le créer… Toutefois, toutes ces créations sont très souvent inconscientes par votre non gestion de vos pensées…

Il y a parfois le hasard qui intervient, cependant, la majorité de vos pensées sont bien désirées et voulues par le fait que vous y avez réfléchi et que votre intention de le vivre était forte… qu'elles soient négatives ou positives.

Tout ceci représente votre passé. Le Passé (avec un P majuscule) est un temps tout aussi invisible que le Futur.

Souvenez-vous : **Ce qui est en bas**, **est** comme **ce qui est en haut** & **ce qui est en haut**, **est** comme **ce qui est en bas**, pour faire les miracles d'une seule chose… *(table d'émeraude)*

La chose **est** rendue possible justement parce qu'il y a une cohérence et une harmonie universelles, une foi en sa création la rend donc possible. Personne ne se pose la question du fonctionnement d'un téléphone portable sans fils ! Il est relié à quel élément pour entendre une voix qui peut être à des milliers de kilomètres ! Comment faites-vous pour prendre une photo et l'envoyer à un correspondant pour qu'il puisse la regarder et comment pouvez-vous imprimer cette même photo sur un ordinateur à des centaines de kilomètres de là alors que ce n'est pas vous qui l'avez prise ! Comment expliquez-vous que vous puissiez recevoir des mails d'autres pays, d'autres régions d'un simple clic, de pouvoir, les lire, les éditer et y répondre de la même façon !

Le Passé existe bel et bien tout comme vos pensées dans le Futur. Il est là dans l'attente que vous vous tourniez vers

Lui. Lorsque vous le niez, comme beaucoup le préconisent, vous jouez votre vie avec deux temps :

- Le Présent et le Futur

Comment le Présent peut-il exister exempt de Passé ? Cette phrase vous chamboule c'est une évidence et vous fait découvrir dans le trou de serrure, une Réalité dont personne ne parle et pour cause…

Pourtant, dans tous les livres religieux et quelle que soit la religion, on en parle !

Nous voyons bien que si nous demandons dans le Présent en envoyant vers le Futur pour que ce dernier nous renvoie ce que nous demandons, non seulement il manque un temps, le Passé, mais nous laissons le Futur agir sur notre vie !!!

Voyons le verbe **demander** :

- Interroger, questionner quelqu'un à propos de quelque chose, solliciter de sa part une réponse
- Exprimer un souhait, désirer, souhaiter
- Attendre ou exiger quelque chose de quelque chose ou de quelqu'un
- Requérir tel comportement de la part de quelqu'un
- Action de faire savoir que l'on désire obtenir quelque chose ; fait de demander ; écrit qui l'exprime
- Attitude, état de quelqu'un qui a besoin de l'attention, des soins de quelqu'un d'autre

Vous demandez donc à votre Futur, vous le priez, vous faites une requête afin que votre vie bouge, se modifie…

Ne trouvez-vous pas cela étrange ! Qui plus est, lorsque vous faites vos demandes à ce Futur, est-il obligé de vous donner ce que vous désirez ? Donnez-vous toujours ce que votre enfant désir ? Cela se précise un peu, n'est-ce pas ! Demander à un Temps du Futur que vous créez vous-même, c'est lui donner la possibilité de gérer votre vie... Vous êtes un pantin.

Le chef cuisinier demande-t-il au poulet dans le four s'il est assez cuit ?

Le peintre demande-t-il à sa toile si elle a assez de peinture ?

Le chef d'orchestre demande-t-il à ses musiciens si le morceau leur convient et s'ils ont envie de le modifier ?

Vous êtes-vous déjà posé la question : d'où venez-vous ?

Si vous créez votre Futur en émettant des pensées, il se pourrait que vous-même soyez créé par Quelqu'un ! C'est bien ce que démontre le Verbe Créer !!! Nous avons simplement beaucoup de mal à admettre que nous puissions l'être ! L'humain est très terre à terre, admettre que son téléphone puisse émettre une voix qui se trouve à plusieurs kilomètres de lui est presque normal, qu'il puisse avoir été créé est plus difficile. Comme nous avons été créé à l'image de notre Créateur, nous pouvons donc également créer les mêmes choses... Et là, nous entrons dans l'inconcevable pour l'humain !

C'est pourtant bien comme cela que tout fonctionne ! La création par une entente des temps :

- Passé, Présent et Futur

est donc logique et normal. Un Passé qui vient dans le Présent, sélectionner des pensées dans le Futur pour les faire venir dans le Présent et les vivre avec vous c'est juste merveilleux et fabuleux. Ce fonctionnement porte un nom bien précis et vénéré de tout être vivant :

La Trinité

Le Présent et le Futur ne peuvent fonctionner correctement exempt de Passé, d'ailleurs, ces deux temps n'existeraient tout simplement pas sans le Passé ; comme ce dernier n'existerait plus sans le Présent et le Futur !!!

Ils sont indissociables et le seront toujours... Nous ne pouvons fonctionner, vivre les uns sans les autres... Une fois accepté cela, nous avançons bien plus vite... Je dirais que c'est le vrai lâcher prise... Un lâcher prise extraordinaire nous permettant d'accepter d'être le créateur du Futur qui est sélectionné par votre propre Créateur ou Paire dans le Passé...

1) Vous pensez et vous créez
2) Vos pensées sont créées dans le Futur, elles sont bien réelles
3) Votre Père (Paire), votre Double de Lumière (pair) sélectionne et actualise la meilleure pensée positive dans le Futur pour vous deux. Une expérience qu'il a envie de vivre avec vous...

1,2,3 est une Trinité, le seul but de notre vie...

Maintenant nous allons voir comment modifier ces pensées et faire en sorte d'en avoir une majorité de positive...

Comment modifier vos pensées ?

La Gratitude

La gratitude est l'expression d'un sentiment, d'une émotion que l'on ressent au plus profond de soi pour diverses choses… Nous disons généralement merci pour des choses que l'on obtient, par politesse, rarement pour des événements que l'on vit, encore moins pour le fait d'avoir la chance de se lever chaque jour comme de voir la beauté de ce monde avec nos deux yeux…

Apprendre à dire Merci est essentiel, je dirais que c'est le premier point à travailler. Vous allez sortir votre plus beau stylo à encre **bleue (j'insiste sur cette couleur)** ainsi que des feuilles de papiers blanc exemptes de traits, de tâches, de pliures… Vous allez vous adresser à votre Paire, à votre Créateur, tout doit donc être propre. Lorsque vous priez, vous êtes en dévotion, vous vous habillez bien pour vous rendre à votre lieu de prière et lorsque vous en découvrez un au tournant d'un chemin lors d'une promenade dominicale, c'est avec une certaine émotion que vous y pénétrez… Vous le respectez… Ce respect est en vous, il émane de vous parce que ce lieu que vous découvrez à une odeur de Sainteté, comme si celui-ci était supérieur de par les vibrations que l'on ressent… C'est comme un sanctuaire !

Faites de même pour votre gratitude… sans exagération… Installez-vous un endroit chez vous où encens, bougies, lampes à sel… peuvent construire cette harmonie. Télévision, téléphone et radio devront rester silencieux. C'est dans le silence, telle une dévotion, que tout ceci se met en place.

Ecrivez votre gratitude en faisant la liste de tout ce que vous possédez. Tout, oui je dis bien tout... Cela passera du canapé 3 places en passant par la table de cuisine, de votre voiture stationnée dans la rue, au magnifique cerisier qui pousse merveilleusement bien dans votre jardin, du bol de soupe au dîner, à la cuillère à café qui touille votre café du matin…

Les premiers jours, vous éprouverez de la difficulté à trouver les raisons de rédiger des phrases, qui pour vous et au début, n'ont aucun sens… C'est avec le temps que vous allez apprécier les émotions qui arriveront en vous, vous faisant rayonner une toute autre vibration. Votre corps commence à émettre des ondes hertziennes plus hautes, vous commencez à vous élever et à quitter le seuil pour entrer dans un monde virtuel qui est bien réel.

Vous pouvez dire merci pour votre voiture, votre maison, les feuilles de papier blanc sur lesquels vous marquez votre gratitude, le stylo que vous tenez entre vos doigts, les vêtements que vous portez, les chaussures dans votre armoire, les fourchettes, les assiettes… sans oublier ce corps magnifique qui est le vôtre, les yeux fabuleux qui vous permettent de voir la nature, votre femme… N'est-il pas vrai, que sans ce corps splendide qui est le vôtre, sans vous, tout ceci n'existerait pas ?

Je vous laisse le soin de décrire avec bonheur ce physique magique, ces mains fabuleuses qui vous permettent de bleuir des feuilles de mots magiques, je vous laisse poser ces mots merveilleux qui décrivent ce corps extraordinaire vous permettant d'expérimenter cette Vie fabuleuse que nous vivons dans ce monde nommé Présent… Le nettoyage de printemps est commencé et c'est avec joie que vous l'entreprenez ! Si, si, je vous assure, vous découvrirez le bonheur d'écrire ces quelques phrases et c'est avec une joie immense que vous passerez de plus en plus de temps à vous appliquer à travaille votre Gratitude chaque jour.

Quelques exemples de phrases :

- Merci pour ce canapé magnifique sur lequel j'adore me reposer
- Merci pour cette table sur laquelle je peux manger et écrire ma Gratitude
- Merci pour ce stylo bleu avec lequel j'écris ces mots magiques
- Merci pour ces mains qui écrivent les mots
- Merci pour ces doigts qui tiennent le stylo bleu
- Merci pour ces yeux qui me permettent de voir cette nature magnifique dans laquelle je vis
- Merci pour ce cerveau extraordinaire qui crée tout ce que je fais
- …/…

Faire cet exercice tous les jours, voire au matin vous permet d'émaner une vibration de plus en plus positive. C'est le début du changement pour vous. Attention, c'est un travail qui parait simple, pourtant, c'est avec assiduité que je vous demande de le pratiquer. Un sportif s'entraine chaque jour pour obtenir ce qu'il veut, et un jeune doit apprendre son travail plusieurs années pour être professionnel quant à devenir professionnel ou expert, c'est l'expérience et de très nombreuses années qui conduisent à ce résultat.

Il en est de même pour la Pensée Positive… Il faut aider votre cerveau à shooter l'éducation familiale, l'enseignement scolaire qu'il a eu tout au long de ces années et cela ne va pas se faire en un claquement de doigt ! Imaginez que vos parents vous enseignent des choses en rapport avec l'éducation qu'ils ont eu de leurs parents et qui eux, le tenaient des leurs, et ainsi de suite ! Vous avez donc en vous des centaines d'années de valises négatives à ôter !

C'est un travail de chaque jour, une attention de chaque instant. Tenir le cap de la pensée positive est un effort constant pour se tenir droit sur ce chemin, il est tellement plus facile de revenir en arrière et de continuer à critiquer tout et n'importe quoi… Je le vois chaque jour autour de moi !

Je vous ai prévenu, alors prenez garde à l'Ombre… cette gratitude se pratique tous les jours et peut conduire aux larmes de bonheur et de joie dans l'énumération de ce que nous possédons et dont nous n'avions pas conscience. Vous allez découvrir une richesse que vous ne connaissiez pas et dont vous n'aviez pas conscience. Cette richesse représente la totalité de ce que vous avez en biens matériels et surtout dans le potentiel de votre corps physique…Il est extraordinaire, il est merveilleux, il vous représente dans ce monde, il est Vous… Sans lui vous ne pourriez pas aller travailler, aller au cinéma, avoir le bonheur de prendre un bain et de sentir la caresse de l'eau sur votre corps ! Sans lui, vous ne verriez pas les oiseaux dans votre jardin, dans la nature, vous ne pourriez regarder avec tendresse et Amour, vos enfants jouer, votre compagne ou compagnon, vous ne pourriez ressentir ce plaisir magique lorsque vous faites l'amour…

Comprenez-vous ?

Le fait de l'écrire modifie votre façon de voir les choses parce que vous faites travailler bien plus de muscles que de juste penser à tout cela ! Vous faites donc participer votre corps en entier pour votre Gratitude, les énergies que vous émettez à ce moment-là, sont tellement puissantes, que les billes noires dans votre coffre à jouets sont littéralement soufflées par ce vent de positivité !

Lorsque vous vous promènerez ou que vous partirez au travail, pratiquez la gratitude avec autant de dévouement dans le silence de vos pensées. Dites merci pour ce trottoir, pour ces arbres qui vous donnent de l'ombre, pour ce bus ou ce train qui vous conduit là où vous voulez, pour ce boulanger qui fait un si bon pain, pour le blé qui a fourni la farine, pour la Terre qui a produit tout cela… Votre gratitude doit venir du ventre, de vos entrailles et vous faire tressaillir d'émotion positives… Elle va vous permettre de prendre contact avec la Terre, de vous sentir Un, comme uni avec l'Univers…

Participer aux conversations

Chaque nouvelle que vous entendez dans les médias, dans les journaux, dans la rue, des conversations échangées entre collègues, dans la famille, le soir au souper, vous fait ressasser encore et encore les sujets exposés. Analysez impérativement le sujet de conversation et si celui-ci parle de choses négatives, évitez-les absolument ! Si vous maîtrisez un tant soit peu la conversation, dirigez-la vers un sujet positif comme les vacances, le soleil, la paix… Evitez de parler de sujets qui fâchent comme la politique, le terrorisme tout en privilégiant le bonheur d'être là ensemble. Je vous encourage à enregistrer certaines de vos conversations et de les réécouter après. Vous découvrirez votre propre potentiel négatif et comprendrez également que vous participez à son élévation dans votre vie et celle des autres.

Participer aux divers échanges, ne fait qu'augmenter votre côté négatif… Il faut apprendre à gérer ses pensées afin que votre coffre à jouets se vide des billes noires pour se remplir de billes blanches !

Faites une analyse

Analysez tout élément négatif qui vous gêne et découvrez en le moindre positif même le plus infime soit-il. Accrochez-vous à lui et magnifiez-le. Trouvez-lui tous les atouts possibles, le moindre petit neutron de positivité doit lui être collé pour le faire grossir, grossir… au point que le positif fera basculer le négatif et que vous passerez outre de ce dernier pour ne voir que ce magnifique ballon que vous avez créé par vous-même, par tous ces efforts. Tous comme les sportifs, vous n'arrivez pas à la première marche du podium sans un entrainement de chaque instant !

Alors, oui, il vous arrivera encore de penser à tout ceci négativement, de les critiquer, de les choyer encore quelques heures. A cet instant précis, vous serez tourné vers **des pensées bien moroses qui ne sont peut-être pas les vôtres** ! Oui, vous avez bien lu, vous pouvez également vous faire mener par le bout du nez, par des pensées envoyées dans le NOOS, dans l'Univers, dans la Conscience collective par des gens comme vous, sans connaissance et qui ont une totale inconscience de leur responsabilité des effets de leurs propres mots, de leurs propres pensées.

Les pensées non gérées partent dans un monde merveilleux qui est le vôtre également. Ce monde appartient à tout le monde et nous en dépendons totalement. Tant que nous ne savons pas gérer nos pensées, nous en sommes même esclaves sans le savoir !

Pourquoi ?

Parce que nous allons chercher et nous absorbons des pensées qui ne sont pas les nôtres tout en pensant qu'elles viennent de nous ! Formidable, n'est-ce pas ! Et tout cela, tout ce système merveilleux, fonctionne pour tout le monde de la même façon ! Il n'existe pas de religion, pas de couleur, pas de taille, pas de sexe, pas de niveau social, pas de pauvre, pas de riche, pas de reine, pas de sdf… nous sommes tous égaux aux yeux de l'Univers ou de tout autre nom que vous Lui donnez.

Le seul travail que nous ayons à faire dans ce monde est de le créer dans la positivité. Nous sommes responsables à part entière de tout ce qui se passe par l'ignorance de nos compétences en sa création. Nous créons, exempt de Foi en la réalisation de ce que nous désirons… Il y a un adage que j'aime particulièrement de par sa réalité :

Il faut croire avant de voir !

Alors, croyez en votre pouvoir, vous êtes magicien de votre vie et tant que tel, vous devez le comprendre et en assumer la responsabilité. Votre vie vous appartient, vous le savez. Vous ne savez pas à quel point elle est de votre responsabilité !

La technique du verre d'eau !

La technique du verre d'eau est un exercice que je vous demande de faire chez vous. Vous n'êtes pas sans savoir que l'eau est merveilleusement vitale pour notre corps !

Nous avons donc dans notre physique, une eau primordiale qui nous permets d'exister dans ce monde. Cette eau n'est pas uniquement dans notre corps, elle se trouve également dans le corps de tous les terriens et de tout être vivant sur cette planète. Si votre corps est rempli d'eau à hauteur de 80 et 95 %, celui des animaux, des insectes, de la flore, l'est également ! J'insiste sur cet élément pour que vous compreniez bien l'importance de ceci !

Pour vous rendre compte de cette importance, c'est comme un verre presque rempli d'eau. Le verre dans sa totalité représente votre corps physique… L'espace qu'il reste entre la surface de l'eau et le bord du verre, représente votre corps physique dans sa matière, vos cheveux, vos cils, vos yeux, votre peau, vos ongles, vos os, votre chair, votre cœur, vos boyaux, votre bouche…

Cette eau est donc vraiment très, très, très importante !

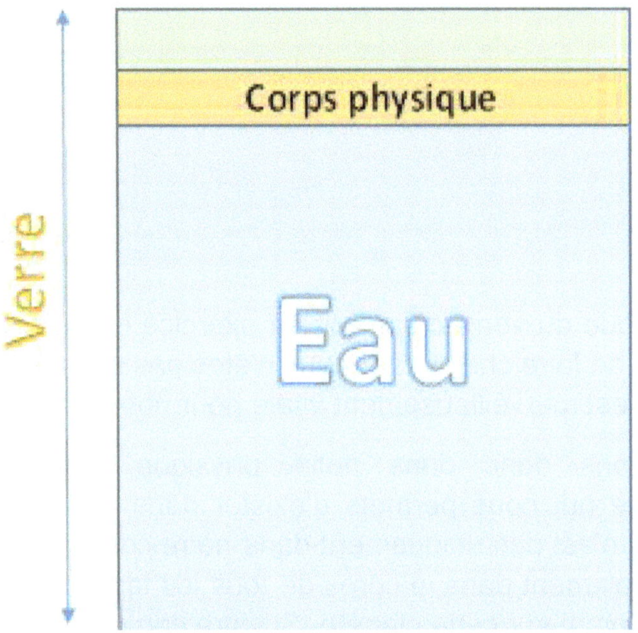

Vous constatez, d'après cette image, que votre corps physique n'est rien en comparaison de cette Eau dans votre corps ! Vous ne la voyez pas, vous ne la sentez pas, vous l'ignorez totalement tout au long de votre vie alors que c'est l'élément principal de votre corps !

Si le chien, le chat, le poisson rouge ou l'oiseau de la grand-mère ont de l'eau également dans leur petit corps, votre voisin, vos enfants, l'ont également ! Nous pourrions donc dire merveilleusement facilement que nous nageons dans notre corps !

Et ce n’est toujours pas tout !

Vous avez très certainement des plantes et vous allez peut-être souvent vous promener dans un parc, en forêt ! Vous vivez soit au bord de la mer, à la campagne voire à la montagne. Tous ces endroits sont remplis de verdure. Vous pouvez y contempler des arbres, des plantes, des conifères… C’est juste magnifique à regarder et vous vous sentez tellement bien dans la nature ! Cette verdure, ces plantes, toute cette belle végétation a besoin d’un élément pour vivre… L’EAU !

Lorsque vous vous douchez, que vous prenez un bain, que vous vous baignez dans un lac ou dans la mer, que ressentez-vous ? Quel est votre état d’esprit lorsque vous mettez les pieds dans l’eau, qui plus est, lorsqu’elle est salée ? Oui, un véritable bonheur… Des soupirs d’aise sortent de votre gorge, vous vous étirez, vous vous amusez, vous chantez… D’après vous, votre corps ne reconnait-il pas là son élément primordial ?

Si vous n’arrosez pas vos plantes, elles mourront ! Si la pluie ne tombe pas, les parcs, les forêts souffrent. Si vous n’arrosez pas le potager, rien ne pousse. Si vous ne buvez pas chaque jour, vous mourez également et très vite ! Si les animaux ne peuvent boire, ils disparaissent de la surface de la Terre ! Votre corps est une éponge qui DOIT rester toujours humide pour s’assurer de sa bonne santé !

Tout est fait d’eau, les insectes, les oiseaux, les mouches, les plantes, la terre, le sable… Vous portez des vêtements dont l’élément principal est le tissu… Que contient le tissu, d’après vous ? Le tissu vient de la plante en général. On a vu que la plante est faite en partie d'eau. C'est donc la même chose pour votre lit : vous dormez dans des draps dont l'ingrédient principal est l'eau et portez des vêtements dont la qualité première est d'être rempli d'eau !

Allons encore plus loin.

Vous dormez dans un lit fait de bois, vous mangez à une table dans le même élément. Le bois est une plante, un arbre donc qui contient de l'eau. Vous mangez dans des assiettes, vous allez au travail en car ou en voiture… Tout cela est en matériaux transformés par les hommes et tous contiennent de l'eau, une très grande partie d'eau parce qu'ils viennent tous de la Terre…

Continuons notre voyage dans cette merveilleuse limpidité qui nous amène à nager dans notre monde…

Quand il y a une canicule, quand il fait très chaud, comment réagi votre corps…

Oui il transpire et vous avez également très soif ! Quand il fait vraiment très chaud, l'air est très sec vous vous plaigniez également que l'air très sec est **irrespirable** !!!

Pourquoi est-il irrespirable ? Parce qu'il est très sec ? Etonnant comme remarque, non !

Oui, l'air est sec et il est donc très difficile pour tout être vivant de le respirer. Ce que vous respirez est donc humide et vous avez besoin de cela pour vous sentir bien ! L'humidité est de l'eau, n'est-ce pas ! Vous êtes donc d'accord avec moi que vous respirez donc de l'eau ! Vous ne la voyez pas, elle est invisible et cependant bien réelle !

Avez-vous compris comment l'eau est importante dans votre vie et celle des autres ?

Revenons à vos pensées ! Si votre corps est fait de 80 à 95 % d'eau, que l'air que vous respirez est faite d'eau, que les animaux et les végétaux sont faits d'eau, votre alimentation est, elle aussi, faite d'eau. Si tout ce qui est en vous et autour de vous est fait d'eau, vos pensées sont faites de quoi ?

Oui, vos pensées sont faites d'eau ! Elles sont totalement invisibles comme l'air que vous respirez et cependant bien réelles tout comme l'eau que vous respirez sans vous en rendre compte !

L'air que vous inspirez a peut-être été expiré par un membre de votre famille, par un habitant de l'Angleterre ou de l'Australie voire de tout autre pays… Cette bouffée d'air que vous inspirez est donc chargée d'émotion, de souvenirs de celui qui l'a expiré, mais également des autres personnes l'ayant inspiré et expiré bien avant vous ! Comme celui que vous soufflez par la bouche ou le nez, est chargé de toutes vos émotions, de vos énervements, de vos joies, de vos peines.

Tout ceci part dans l'air et reste créé jusqu'au moment où une personne respirera et captera vos propres pensées ou celle d'un autre habitant de la Terre… Vous devez commencer à comprendre l'importance de ce chapitre !

C'est donc par cette Eau que vous modifiez votre façon de penser et celle des autres qui vous entourent mais également qui se trouvent à des milliers de kilomètres !

C'est donc tout au long de votre journée avec vos pensées, vos paroles et celles d'autrui parlant de tout et de rien que vous modifiez un chemin vous appartenant et foulé par tous... C'est toujours par l'Eau que toutes les personnes parlant de tous ces sujets médiatisés, des cancans, feront grossir la "boule" de négativité qu'elles se sont créées... En parler encore et encore la fait grossir et entretient également la vôtre !

Dans le sens contraire, si vous parlez de leurs qualités, de la gentillesse, du bonheur vous envoyez de l'énergie positive, plus la boule de positivité augmentera. Cette énergie positive va dégonfler la boule d'énergie négative. Plus vous parlerez en positif, plus la boule de négativité rapetissera au point qu'elle disparaitra pour laisser briller la boule de positivité... Imaginez un peu l'énergie positive que vous pourriez apporter à l'humanité toute entière si vous mettiez en évidence les qualités de tous, si vous ne parliez que d'événements positifs, si vous vous coupiez de toute source négative tel que les médias, la radio, la télévision, les jeux vidéo… ! Notre monde baignerait dans un Univers positif.

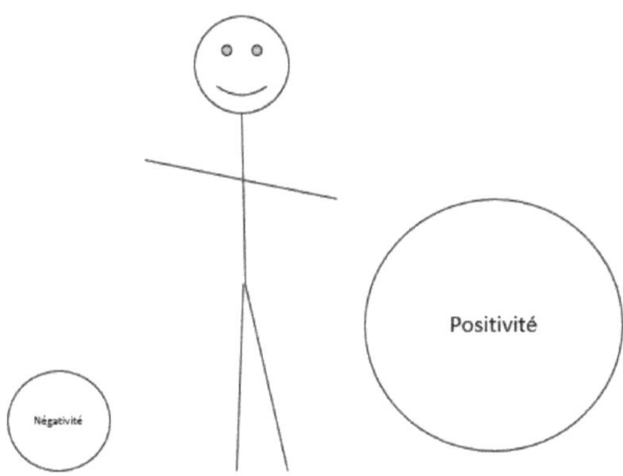

Voilà, maintenant que vous avez assimilé le pouvoir de l'eau, de sa programmation, vous allez prendre deux verres, un grand et un verre à liqueur plus une bassine… On va s'amuser un peu…

Vous prenez les deux verres, le grand et le petit, veuillez bien à ce qu'ils soient remplis jusqu'au bord, c'est important.

La bassine représente cet espace bleu autour de la Terre que l'on nomme l'espace. Le grand verre d'eau représente les pensées de TOUS les êtres vivants. Lorsque je parle d'êtres vivants, il est essentiel d'assimiler que cela concerne la totalité de tout être pensant d'ici et d'ailleurs ; quant au petit verre d'eau, il représente vos propres pensées soit 60 000 à 70 000 par jour…

Prenez la bassine et versez en premier le plus grand verre. Cette eau symbolise les pensées de tous les êtres vivants, ne l'oubliez pas ! Donc les 8 milliards d'humains auquel on doit ajouter les pensées de tous les autres êtres vivants pensants. Ce grand verre d'eau contient donc une infime partie de vos pensées personnelles ! Logique puisque vous faites parti de cette humanité, de ce tout que représente tous les êtres vivants !

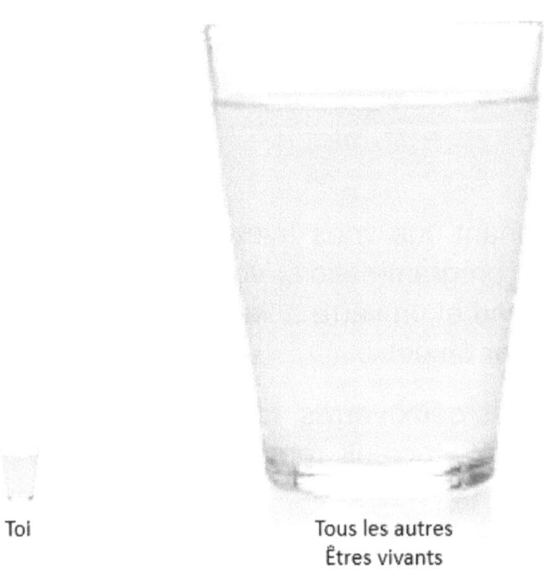

Attrapez le plus petit verre d'eau qui représente vos propres pensées émises tout au long de la journée et versez-le délicatement dans la même bassine. Ce petit verre d'Eau représente vos propres pensées, ne l'oubliez pas !

Que remarquez-vous ?

Oui, les eaux se sont mélangées. Êtes-vous d'accord sur le fait que vos pensées se sont mélangées à celles de tous les autres êtres vivants ? La réponse doit être affirmative…

Maintenant, reprenez le plus petit verre et remplissez-le à raz-bord d'eau de la bassine.

Pouvez-vous me dire ce que contient votre verre ?

Oui, de l'eau !!! 😊 Mais soyons un peu sérieux ! Il contient un peu de votre eau parce que votre verre était bien plus petit et beaucoup d'eau du grand verre parce qu'il était bien plus grand !

Vous avez donc dans votre petit verre, une infime partie de vos pensées et une grande partie des pensées de tous les autres êtres vivants !

Vous êtes donc d'accord que lorsque vous respirez, vous faites entrer dans votre corps, une toute petite partie de vos pensées et que le restant est tout simplement les pensées des autres ! Vous avez donc dans votre corps beaucoup d'eau ne vous appartenant pas et donc beaucoup de pensées appartenant aux autres êtres vivants !

Ces pensées qui ne sont pas les vôtres, sont pourtant dans votre corps ! Elles voyagent par les 80 à 95 % d'Eau que votre corps contient ! En déambulant dans votre corps, elles peuvent arriver jusqu'à votre cerveau ! Si vous trouvez l'une de ces idées, merveilleuse et que vous la preniez pour vous, vous devenez donc créateur de cette pensée et si vous la mettez en pratique vous incarnez la responsabilité des conséquences qu'elle va engendrer pour vous et pour les autres, donc à tous les niveaux !

Vous êtes donc d'accord avec moi sur le fait que cette pensée n'est pas vôtre ! Vous en êtes pourtant totalement responsable… ou plutôt co-responsable !

Si cette pensée ne vient pas de vous, elle vient d'une autre personne, c'est une évidence !

La responsabilité totale en revient donc à cette personne qui a, pour la première fois, pensée cette idée et qui, sans le savoir devient coupable ou garant de vous, lorsque vous prenez à part entière la création de cette pensée qui n'est pas la vôtre mais la sienne et que vous la considérez comme propre à vous…

Lors de cette expérience du verre d'eau, vous avez pu constater que le liquide des deux verres s'est mélangé. L'eau du petit verre a fusionné avec l'eau du grand verre, ne formant plus qu'une masse liquide…

Vos pensées se sont donc mélangées avec les pensées de tous les autres humains et êtres vivants !

Il est donc très important de comprendre ceci… Cette expérience est non seulement très intéressante mais vraiment importante.

Vous n'êtes pas le seul à respirer de l'eau qui ne vous appartient pas et donc, pas le seul non plus à faire entrer dans votre corps des pensées qui appartiennent à tous les autres êtres vivants !

Nous respirons tous sur Terre, de l'air que d'autres ont rejeter, ont expirer ! Nous respirons donc tous de l'air humide chargé des pensées des autres !

Vous respirez donc des pensées qui ne sont pas les vôtres ! J'espère que ce petit dessin vous aidera à comprendre le fonctionnement de tout ceci…

Tout comme vous inspirez des idées qui ne sont pas à vous, les autres respirent une partie de vos pensées. Tous les autres êtres vivants ont donc une partie de vos pensées, de votre eau, dans l'eau de leur corps ! Si une de ces personnes s'accapare une pensée que vous avez émis au part avant, elle devient donc responsable de cette création que vous avez créée, tout comme vous en portez l'entière responsabilité…

Pouvez-vous me dire qui a pensé en tout premier cette idée ?

Oui, c'est bien vous, qui pensiez cette idée et qui l'avez envoyé dans l'air que tous les êtres vivants respirent. Vous êtes donc responsable à part entière des actes que cette personne pourrait faire ! Cette personne devient co-responsable de votre idée, vous restez, vous, le principal responsable de tout ce que vous créez par votre pensée.

Il en est de même pour le reste de l'humanité, de tous les êtres vivants. Vous êtes tous, sans exception, responsable à part entière, de toutes les pensées que vous émettez et qui se retrouvent dans l'eau que vous respirez.

Nous pouvons donc en déduire facilement que tous les êtres vivants sont responsables de tout ce qui se passe dans le monde actuellement !

Pourquoi ?

Parce que, toutes ces personnes ont

- Respiré de l'air rejeté par d'autres gens,
- Que cet air contient de l'Eau,
- Que les pensées émises par toute l'humanité, se retrouvent dans cette eau,
- Que cette eau est dans l'air que vous respirez et qu'en respirant, vous faites pénétrer dans votre corps de l'air, de l'eau, des pensées ne vous appartenant pas.

Nous sommes donc tous unis les uns aux autres sans commune mesure. Une fois assimilé notre responsabilité envers autrui, les pensées négatives tombent d'elles-mêmes faisant briller de toute leur magnificence les pensées positives.

Vous ne vous doutez pas qu'en émettant des pensées négatives, de haine, de colère, vous touchez le monde entier par ces émotions ! Vous y compris…

Vous comprenez maintenant l'importance de modifier vos pensées et de les travailler chaque jour. Aidez-vous des exercices cités dans ce livre et de ce que vous penserez bien pour vous… afin que votre pensée positive soit de plus en plus forte pour émettre dans l'eau de l'air, des pensées positives que tous les autres êtres vivants pourront respirer et faire sienne…

Votre monde se modifiera par le biais de l'air, par l'eau que cet air contient. Il est inutile d'aller affronter qui que ce soit, d'aller vous battre avec d'autres pays, parce cela reviendrait à vous battre contre vous-même !

Si vous respectez les autres, c'est le respect qui reviendra vers vous.

Si vous aimez vos amis, tous les autres êtres vivants, c'est l'amour qui arrive à vous.

Si vous voulez la paix avec tous les autres êtres vivants, c'est un monde de Paix que vous construisez !

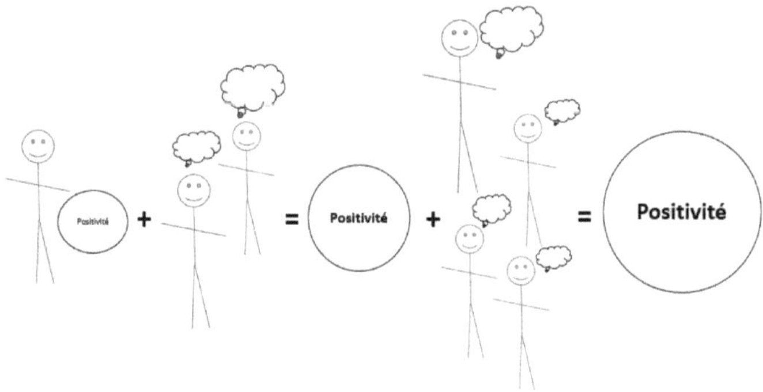

On voit désormais, la stupidité de déclarer la guerre à autrui, de nuire à la vie de tout être vivant, de diffamer son voisin ou toutes autres personnes…

Pourquoi ?

Oui, en effet, c'est se nuire à soi-même, c'est ce battre contre soi-même, c'est nuire à sa propre vie, c'est diffamer sur sa propre personne…

Il faut être un peu masochiste pour vouloir ce genre de chose, ne trouvez-vous pas ?

Quand nous comprenons les Lois Universelles, lois propres à chaque être vivant, nous acceptons notre part d'erreur dans ce qui s'est déjà passé pour en modifier le cours et apporter la paix et la sérénité dans notre vie. Ces bienfaits brilleront de toute leur positivité dans l'eau que vous respirez et se diffusera à toute être vivant qui respira votre eau.

C'est tellement simple que personne n'y pense !

Les 3 mondes

Si vous allez sur : https://www.worldometers.info/fr/, vous constaterez que nous sommes presque 7 800 000 000 habitants sur Terre. Il est intéressant également de regarder le nombre de barils de pétrole en stock et le nombre d'années restantes à sa production, le nombre de téléphones portables achetés en une journée... c'est hallucinant ! Un monde matériel bien ancré au détriment de nos propres vies !!! Comment en sommes-nous arrivés là ?

Nous voyions en début de livre que nous étions presque 7 800 000 000 sur Terre et que nous émettions chacun entre 60 000 et 70 000 pensées par jour !

Imaginez le nombre de pensées journalières en attente ! (7 800 000 000 X 70 000) et sur une année cela représente tout simplement un nombre imprononçable ! (7 8000 000 000 X 70 000 X 365)

Nous avons vu également que toutes ces pensées peuvent être aussi bien négatives que positives et que si nous ne faisions pas attention à la gestion de ces dernières notre coffre à jouets était plutôt sombre !

La nuit porterait-elle conseil ?

Comment peut-on deviner qu'il suffit de bien s'endormir pour changer notre vie ? Comment peut-on deviner que le choix de ce que nous devons vivre sur Terre est fait par un autre nous-même ?

Lorsque nous découvrons ce mode de fonctionnement d'une simplicité enfantine, nous mettons tout de suite en doute ces connaissances par la facilité de leur mise en œuvre. Commence, alors, le vrai lâcher prise !

Ces Connaissances m'ont permis d'évoluer dans un monde où la compétition, la perversion, l'oligarchie, l'argent, le sexe, le matérialisme et bien d'autres, noircissent le tableau de notre vision et poussent dans l'oubli de notre personne, toutes ces choses, toutes ces recommandations et ces connaissances innées de notre naissance.

Beaucoup cheminent sur un chemin de la Loi d'Attraction, tentent de créer, de modifier leur vie par toutes sortes de conseils glanés çà et là… ne sachant comment appliquer tout ce qu'ils voient, tout ce qu'ils apprennent… Ils font un copié-collé des conseils que d'autres leur donnent parce qu'ils leur ont dit que c'était comme cela ! Ils appliquent donc diverses méthodologies sans vraiment avoir la Foi, sans vraiment comprendre les conséquences de toutes leurs créations… Ce manque d'enthousiasme est la principale cause d'abandon de ces randonneurs de la pensée positive : La loi d'attraction vous inculque dès le début de l'apprentissage qu'il faut focaliser sur un désir futur, qu'il doit être positif... nous parlons donc de focaliser dans notre vie au Présent une idée, un désir ardent dans le Futur, pour qu'il revienne dans le présent !

Ne trouvez-vous pas qu'il manque un temps ? N'avez-vous pas appris à l'école qu'il y avait 3 temps principaux et qu'ils étaient indissociables ?

Votre passé existerait-il sans votre présent ! Ce que vous avez vécu et qui est issu de vos actions dans le présent, existerait-il si vous ne l'aviez vécu avant ? Il a bien fallu passer par le présent pour aller dans le passé et votre présent n'existerait pas sans passé, n'est-ce pas ! Tout comme votre passé ne serait là sans les pensées envoyées dans le futur !!! C'est bien vous qui envoyez ces pensées dans le Futur... il faut absolument comprendre et accepter cela, c'est d'une importance capitale !

Dans le paradigme que nous vivons, nous regardons le passé comme un groupe d'événements déjà créés et dont il ne faut plus s'occuper parce que c'est du passé, il ne faut plus en parler, plus y penser et se diriger vers le futur pour l'améliorer... Est-ce bien la bonne méthode, la bonne solution !

J'ai focalisé sur le futur, comme vous, et comme vous, je me suis aperçue qu'il manquait quelque chose. Combien de fois ais-je entendu que la Loi d'Attraction ne fonctionnait pas ? Des dizaines, pourtant, j'ai continué de regarder la Lumière d'un chemin merveilleux. Il fallait que je comprenne, il fallait que je découvre ce fabuleux et merveilleux fonctionnement... Si d'autres y étaient arrivés, je le pouvais également. Je m'accrochais à ce que mon père me répéter chaque jour de son vivant :

- Même une reine, un président de la république se retrouve sur les toilettes au matin, ils sont identiques à toi…

Cette petite phrase m'a porté sur les lignes énergétiques de la vie. Nous étions égaux aux yeux de l'Univers, nous étions tous identiques à l'intérieur, quel que soit la couleur de notre peau. Je découvris quelques années plus tard, que cette égalité était bien plus importante que je ne l'avais imaginé auparavant et que nous dépendions tous les uns des autres par cette eau merveilleuse que nous avions dans notre corps…

Nous vivons notre présent en étant persuadé d'être le créateur de notre vie et en étant convaincu que nous pouvons, par ce présent, modifier notre futur.
Toujours dans ce même paradigme, nous pensons que le futur est un ensemble de faits que nous imaginons et qu'il suffit d'attendre pour que cela se matérialise dans le Présent. Nous avons vu l'importance du mot « attendre » plus haut.

N'oublions pas l'adage :

Les pensées n'intéressent que le propriétaire qui les émet

Nous savons maintenant que non… Cela concerne également tous les êtres qui acceptent ces dernières, qui se les approprient et les mettent en application !

Il est important de savoir et de comprendre que vous êtes responsable de chaque pensée que vous émettez, y compris celles que vous n'actualisez pas ! Même les pensées les plus insignifiantes, celles que vous avez émises que peu de fois dans votre journée, sont là, latente dans cette matière liquide de pensées collectives ! Elles vous reviennent si vous focalisez dessus, c'est une évidence… Ne penser qu'au Futur en oubliant totalement le Passé comme le préconise la Loi d'Attraction est une gabegie de votre temps… Vous êtes assis sur un tabouret à deux pieds : le Présent et le Futur… Il est invariablement bancal et la chute est inévitable…

Pensez à la voiture que vous aimeriez avoir, pensez-y souvent et vous remarquerez que cette dernière apparait très souvent dans la rue ! Vous n'avez pourtant pas pensé au besoin, au bien-être que cela pourrait vous apporte, n'est-ce pas ? Eh bien, vos pensées négatives fonctionnent de la même manière !

Vous pensez = vous créez !

Si vous ne gérez pas correctement les trois temps, Passé, Présent et Futur, ces pensées se meuvent dans la conscience collective, dans le NOOS, dans cette masse d'Energie. Masse totalement invisible cependant bien réelle et présente autour de nous et en nous ! Vous êtes donc responsable des pensées que vous émettez et que vous laissez dans cette conscience collective vivante parce qu'elles sont à la disposition de tous les êtres humains.

Non seulement, elles vous reviennent à vous, mais toutes ces pensées émises sont à la disposition de toute l'humanité offrant un potentiel d'actualité énorme et non négligeable ! Nous sommes donc responsables de nos pensées, parce que, si une autre personne que l'émetteur actualise des pensées ne lui appartenant pas, la responsabilité de l'émetteur, donc du Créateur, est totalement engagée… cela sur des milliers d'années. On appelle cela les mémoires familiales voire Karmas…

Nous sommes donc créateurs et responsable mais également cocréateurs et co-responsables de tout ce qui se passe dans le monde… Evénements qui impactent les autres mondes… Ne soyez donc pas surpris que des Êtres arrivent sur votre Terre pour tenter d'harmoniser un équilibre précaire et de remédier au foutoir que vous adorer mettre en évidence…

Voyons comment tout cela fonctionne !

Le libre Arbitre

Comme le dit l'Evangile de Saint Jean, nous sommes marqués par le nombre 666. L'humain n'a pas conscience du choix qui est à sa disposition ! Il pense généralement que c'est comme ça et que rien ne peut changer…

Puisque tout le monde vit comme cela, agit comme cela, c'est donc comme cela que sa propre vie doit se passer...

C'est ce que l'on appelle le Libre Arbitre. Il décide de faire comme les autres, comme il **accepte sa condition**...

Ce n'est pas parce que ton voisin dit que c'est vrai que ça l'est obligatoirement ! Il est important de chercher sa propre vérité !

On a toujours le choix de se tourner vers la Lumière ou vers l'Ombre ! Nous sommes responsables des choix que nous faisons... Nous prenons des décisions sans en comprendre la portée pour l'humanité. Nous appelons cela la cause à effet...

Que veut-dire ce nombre et pourquoi nous parler du chiffre de la bête ?

Il existe une explication qui désapprouvera tout ceci, observation scientifique, qui plus est, lui ôtant toute crédibilité puisque nous avons le libre arbitre...

C'est à nous de choisir le monde dans lequel nous souhaitons vivre : un monde de dualités, de guerre, de terrorisme ou un monde de Paix, basé sur l'Amour et le respect de tout être vivant, de toute l'humanité, de tout être vivant dans le Cosmos !

Dites-moi, aimeriez-vous vivre dans le monde que nous laissons à nos enfants ?

Lorsque je pose cette question en conférence voire même dans la rue, la réponse est nette, précise, sans ambiguïté : NON !

Quand j'approfondis le sujet, tous ces gens sont conscients de leur propre responsabilité dans tout ce que nous vivons sur cette planète. Ils l'avouent sans aucune honte, me spécifiant par la même occasion qu'à leur génération, cela se passait comme cela ! C'est une réalité que je comprends puisque je l'ai pensé également au tout début de mon évolution il y a de cela plus de 40 ans…

Ils ignorent sciemment ou non, le fait que nous pourrions le modifier, le changer pour voir apparaître un monde meilleur… Chose dont beaucoup de jeunes sont merveilleusement conscients… Ces adolescents sont éveillés au point de comprendre que nous leur laissons un lourd fardeau dont ils vont devoir s'occuper par manque de courage des générations antérieures.

Je ne sais qui a commencé en premier, toutefois, il est certain que des peuples se sont appropriés des terres, des pays… De là, chacun a créé des langages, des dialectes séparant toujours davantage les humains. Puis vint l'écriture qui sépara les âmes d'un même peuple… quand l'argent fut créé, il divisa en classes sociales des peuples déjà bien divisés… Désormais, il y avait des pauvres et des riches… Pauvres à la merci de gens riches avides de cupidité dont le désir était toujours d'en obtenir plus !!! Sentiments toujours d'actualité de nos jours !

Ce sont les religions qui ont transformées des éléments scientifiques en obscurantisme. D'une explication simple, les différents cultes ont modifié un élément primordial en dogmatisant ces chiffres pour en faire un mur totalement infranchissable par la peur que représente ce nombre devenu démoniaque et représentant l'enfer… Ce mur est donc l'élément virtuel mais bien réel, construit par les différentes adorations pour empêcher les personnes désirant évoluer, d'atteindre leur but… que le monde d'en bas est identique au monde d'en haut… N'est-il pas écrit que le Dieu Thot est issu de mots !!! Les mots sont bien issus de la pensée, n'est-ce pas !

Un choix voulu de leur part permet une manipulation aisée des masses, des peuples… Elles peuvent ainsi dire ce qu'elles ont envie de dire et cacher les éléments fondamentaux à toute compréhension spirituelle pour amener inconsciemment ou totalement consciente, les peuples à faire juste ce qu'elles entendent qu'ils fassent…

Nous sommes donc dans la manipulation la plus totale et le fourvoiement de la vérité perdure depuis des décennies… Lorsque nous comprenons ce merveilleux fonctionnement, nous pouvons enfin reprendre les rênes de notre vie.

Les religions diverses et variées nous inculquent donc depuis de nombreux siècles, qu'il ne faut pas se tourner vers la bête représentée par le chiffre 666…

Une compréhension simple et mathématique explique ceci et c'est scientifique… transformant la bête en prince charmant ! Ce merveilleux dessin animé explique sommairement que derrière ce monstre se cache un être merveilleux pouvant entrer dans la Lumière avec un travail sur lui-même… et pour cause !

Voyons cela de plus près…

L'Univers dans son ensemble, notre corps humain et tout ce qu'il y a autour de nous, sont fait d'antigravitation et de gravitation. Nous vivons donc dans une constante réelle et invisible, un corps physique et un corps éthérique. Jusque là rien de bien nouveau !

Diverses analyses scientifiques nous ont permis de comprendre ce que voulait dire ce chiffre traduit par les différents cultes comme le chiffre de la bête, le nombre du diable…

Nous allons donc tout d'abord, prendre une base de 1000 millièmes représentant notre corps physique et notre corps énergétique, l'invisible et le visible…

1 000 millièmes : physique + énergie éthérique

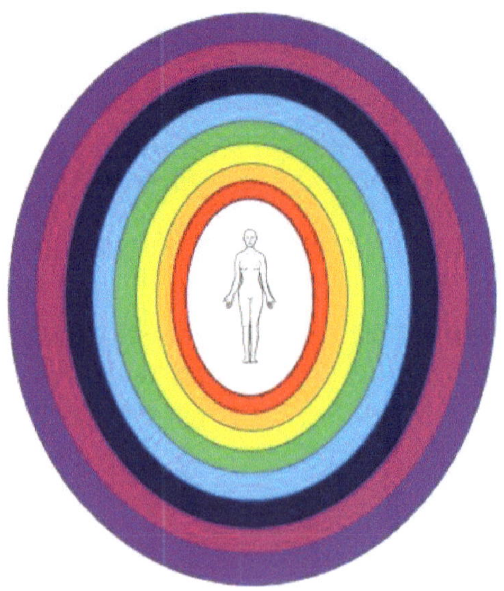

Décortiquons maintenant ces 1 000 millièmes d'Energie.

Notre corps physique bien réel dans notre monde, est fait de matière, de chair, de peau, d'os, de sang, de veines… et d'eau ; remémorez-vous le verre d'eau un peu plus haut. Tout ceci représente donc les 333 millièmes de toute notre énergie.

333 millièmes : 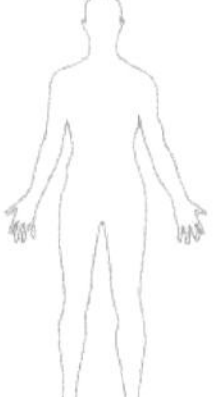

Il reste donc 667 millièmes d'énergie que nous devons expliquer. Qu'évoque donc les 666 millièmes tant redoutés ?

Nous sommes faits d'énergie, qu'elle soit physique ou éthérique. Les gens pratiquant le Yoga, les divers thérapeutes le savent également, ainsi que ceux qui cheminent sur le sentier de randonnée de la Spiritualité !

Toutes ces pensées que vous émettez dans votre journée, du lever jusqu'au coucher du soleil, représentent donc cette Energie que vous envoyez dans le Futur. Nous prendrons donc ces 666 millièmes au 667 millièmes restant de notre représentation du corps physique.

Tout ce que vous pensez, du moindre geste banal à la plus violente pensée en passant par votre journée de travail, les disputes conjugales, les querelles enfants-parents, votre joie et votre bonheur de vivre cette journée, sont créés dès l'instant que votre cerveau a émis la plus petite onde hertzienne vers l'un de ces sujets.

666 millièmes :

Le cerveau humain émet entre 60 000 et 70 000 pensées par jour ! Considérable certes, cependant bien réel ! Parmi ces 60 000 à 70 000 pensées par jour, certaines engendrent des gestes, des actes physiques qui vous font vivre votre journée machinalement. Ces gestes sont devenus des habitudes, vous ne vous posez plus la question : pourquoi ?

Le fait de penser à aller chercher du pain, vous fait prendre votre sac, mettre vos chaussures et votre manteau, ouvrir la porte, marcher physiquement jusqu'à la boulangerie, demander verbalement le pain que vous désirez, payer ce dernier et revenir chez vous. Si le pain est chaud, un autre geste viendra se greffer sur tout cela : en grignoter le quignon !

Ces pensées sont inconscientes, vous faites cela machinalement, comme vous respirez chaque jour sans vous poser la question : comment dois-je faire pour rester en vie ? L'humain vie donc sa vie dans sa globalité, sans comprendre que cela engendre pour lui, pour l'humanité, pour les autres mondes… des conséquences qui peuvent être dramatiques ou merveilleusement bonnes.

Cette compréhension est essentielle pour accepter que nous sommes tributaires les uns des autres et que nous sommes également acteurs de notre vie et de tout ce qui se passe dans notre monde.

Il nous reste donc ce 1 millième pour arriver au total de 1000 millièmes, qui représente notre libre-arbitre. Oui nous possédons ce pouvoir de choisir, de créer et de vivre dans la peur toute notre vie ou de créer la joie, l'Amour, la Paix et de retourner à la Lumière !

Nous voici donc dans un Présent composé de 1 000 millièmes d'énergie, représenté dans notre monde par notre corps physique pour une masse de 333 millièmes de gravitation, de matière

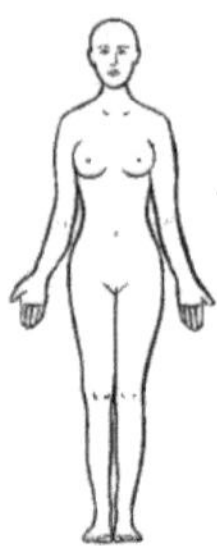

et par notre corps énergétique pour une masse de 666 millièmes d'antigravitation, de création par nos pensées. Il reste le 1 millième tout dédié à notre libre arbitre de créer notre Futur dans notre monde.

Ces 666 millièmes d'antigravitation sont nos créations du Futur, toutes nos pensées que nous avons envoyées depuis notre naissance et ce jusqu'à aujourd'hui. Cela représente un potentiel de création extraordinaire à notre disposition. Si nous n'apprenons pas à gérer toutes ces créations, toutes nos pensées, nous revivons inlassablement les mêmes événements sans aucun contrôle de notre part. Lorsque nous regardons le monde d'aujourd'hui, nous constatons que la négativité l'emporte sur la positivité ! Il y a une explication à tout ceci et nous pouvons reprendre très facilement les rênes de notre vie.

Oui complexe, un petit dessin s'impose…

Sur le schéma ci-dessous, il est représenté nos Doubles du Passé, notre propre Créateur, Être Immortel. Comme je vous l'expliquais, nous avons été créés par leurs propres pensées. Nous sommes donc leur Futur.

Nous considérons notre vie comme le Présent, ce qui est logique, et nous voulons, nous désirons un Futur magnifique. Nous avons vu que nos pensées se créaient, qu'elles étaient invisibles et donc plus tournées vers le Futur.

Nous fonctionnons tous de la même manière, nous avons tous autant que nous sommes et dans tous les temps, les mêmes proportions de gravitation et d'antigravitation.

Quel que soit notre pays d'origine, la couleur de la peau, la religion, nous fonctionnons tous de la même façon ! Tous sans exception, du SDF à la royauté…

Nous sommes donc égaux devant cette énergie merveilleuse que nous sommes et dans laquelle nous nous agitons dans des croyances diverses et variées, nous amenant justement à l'incompréhension totale de cette fabuleuse connaissance. Connaissance qui est à la disposition de tous ! Il suffit de tendre la main.

N'est-il pas merveilleux qu'il soit possible de modifier votre vie et de tourner ce monde dans lequel nous vivons vers la Paix uniquement en s'endormant correctement ! Cela parait invraisemblable et pourtant !!!

Nous verrons un peu plus loin que le travail n'est pas si ardu que tout le monde le prétend, il est facile… La seule chose à faire est d'avoir cette assiduité tout au long de votre vie, d'avoir cette attention de tous les instants pour continuer votre évolution dans la bonne direction… Considérez cela comme la rémunération d'un travail bien fait…

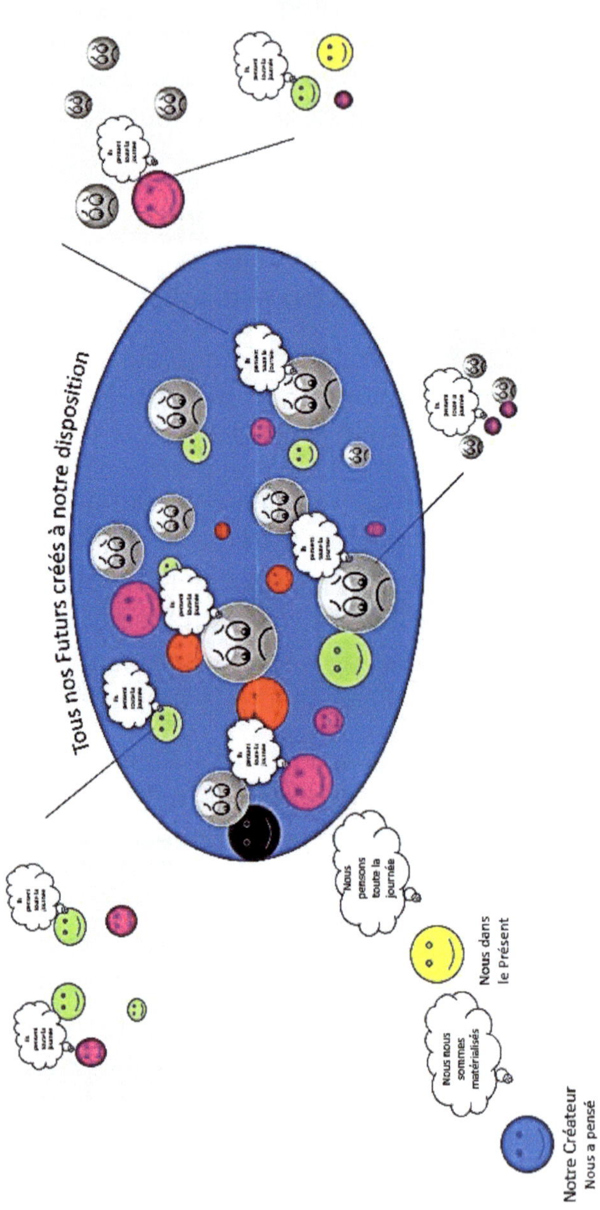
Tous nos Futurs créés à notre disposition
Nous pensons toute la journée
Nous dans le Présent
Nous nous sommes matérialisés
Notre Créateur
Nous a pensé

Voyons de plus près comment cela fonctionne.

Nos doubles Créateurs, Êtres Immortels, Dieux, Anges, Père, Paire voire Pair… nous ont créé avec leurs pensées, leur côté 666 millièmes d'antimatière. Ils ont choisi de nous créer délibérément en focalisant sur notre nous-mêmes.

Tous les livres sacrés quel qu'ils soient, nous disent que nous avons été créés à leur image donc avec le même potentiel : nos créateurs nous ont pensé et nous nous sommes créés un monde dans lequel nous vivons. Ils nous ont tirés du néant, nous cristallisant dans la matière en focalisant sur notre création… Un peu comme un jeu vidéo qui continu de vivre et de se modifier alors que vous l'avez fermé depuis quelques jours ! (zoo)

Nous pouvons donc créer également avec la pensée et c'est ce que nous faisons ! Si nous avons été créés par la pensée, nous avons donc été tirés du néant comme le définit le verbe CREER. Nous nous sommes matérialisés en êtres pensants capables également de créer par la pensée tirant du néant l'idée sur laquelle nous focalisons !

Avec nos 60 000 à 70 000 pensées par jour, nous créons donc également dans le Futur, des êtres tel que nous, dans une matière propre à leur monde, des êtres pensants, faits d'un corps physique, de chair… **et d'eau**, capables de créer également. Nous sommes donc sur une échelle de l'infinie… Nous sommes donc leur Double, leur Paire…

Ce copier-coller, cette Création de l'Univers est identique pour tous ! Quel que soit le pays, la couleur, la planète, cela fonctionne comme cela. Nous possédons tous, cette part de création par la pensée, cette part d'existence via un corps physique et ce libre arbitre nous donnant le choix de nous tourner vers l'Ombre ou la Lumière.

Dans chaque dimension, notre petit 1 millième de libre-arbitre nous laisse la liberté de choisir le chaos ou la Paix. Cela par nos pensées négatives ou positives, notre proportion de vouloir engendrer la Lumière, de vivre dans la joie, l'Amour, la Paix...

La citation du Livre de Thot prend désormais tout son sens :

Tout ce qui est haut et identique à ce qui est en bas !

Les Lois Universelles sont donc merveilleusement parfaites ! Nous devons simplement maîtriser parfaitement ces Lois pour que nous ayons la joie et le bonheur de vivre dans un monde de Paix, d'abondance positive pour tous les temps et pas uniquement pour nous comme le préconise la Loi d'Attraction. Dans son ensemble, elle nous suggère d'oublier le passé, de ne penser qu'à nous… Serait-ce faux ? Ne devrions-nous pas nous pencher vers la Paix, la Joie et le Bonheur, de tenter de comprendre cette création extraordinaire et merveilleuse ! Cette maîtrise nous donne la chance fabuleuse d'un retour à la maison, d'une reconnexion avec notre autre nous-même, de retrouver nos ailes et l'Immortalité que nous avons perdu en arrivant dans la matière. Vivre la Trinité…

Je ne dis plus : Et si nous avions le choix ! Mais : Nous l'avons, nous avons ce pouvoir, l'immensité de la Création positive s'ouvre à nous dans la compréhension de ces Lois fabuleuses.

Regardons cela…

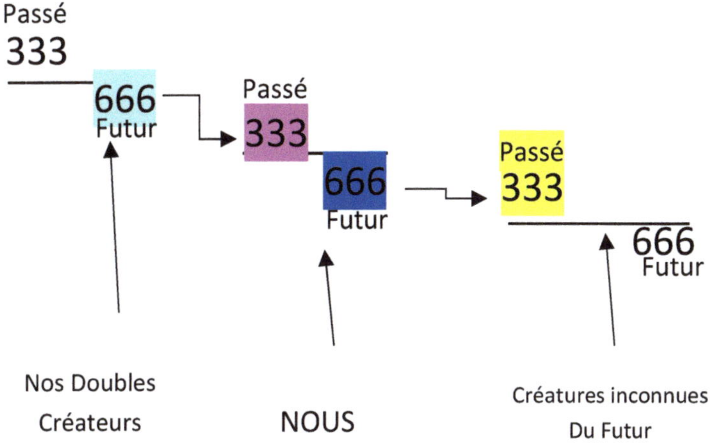

Vous voyez que si nous utilisons les 666 millièmes d'antigravitation de notre corps éthérique dans notre monde, donc nos pensées, nous nous dirigeons vers les 333 millièmes de matière de ce futur.

Nous choisissons de le faire volontairement ou pas, en focalisant sur des pensées qu'elles soient positives ou négatives. En laissant nos pensées vagabonder vers la matière de notre futur, nous permettons à ces créatures, que nous créons à chaque instant, de prendre le pouvoir physiquement sur notre vie via un moment de notre vie situé dans le sommeil lorsque nous demandons quelque chose.

Ce qui est vrai pour eux, l'est également pour nous !

Si nous choisissons les 333 millièmes de notre corps physique pour nous connecter sur les 666 millièmes de pensées de notre Être Immortel, notre Créateur, nous retrouvons cette harmonie, cet équilibre qui doit être le nôtre !

La différence entre notre Futur qui prend possession de notre vie lorsque **nous demandons et attendons** quelque chose de leur part et **le Passé qui nous dirige vers une vie meilleure est magistrale !**

Sachez que ce Futur est bien plus rapide que le Présent dans lequel on vit. Il est donc invisible à nos yeux de par sa vitesse. Pour l'être humain, il est difficile de croire en quelque chose qu'il ne voit pas ! C'est la première difficulté que rencontrent les randonneurs de la spiritualité ! Toutefois, beaucoup de films dont « Retour vers le Futur », de livres scientifiques préconisent cela ! Aller dans le Futur puis revenir sans pour autant perdre la moindre seconde dans notre monde est possible…

Or il est scientifiquement prouvé que plus cela va vite, moins c'est visible ! Pour preuve, les films que vous regardez à la télévision, au cinéma ou en DVD !

Le voyez-vous image par image ?

Non bien entendu, vous observez une suite image fluide qui donne de la gestuelle, vous regarder des personnages se mouvoir alors qu'ils n'existaient pas dans la réalité pour les dessins animés et vous voyez également que dans les films avec des humains, les gestes sont cohérents. Pas de séparation d'image à image par la vitesse de projection ! On dit que l'on utilise la technique de la prise de vue image par image qui permet **d'insuffler la vie** à tout objet ou matière inanimés. A partir de ce principe de départ, tout devient possible !!!

Cette prise de vue image par image sur un support linéaire est adopté pour les procédées informatiques. Ces techniques que l'on nomme « animation » permet de donner l'illusion que des objets inertes divers et variés, voire des images de synthèse, sont doués de mouvements et de déplacement propres, comme s'ils étaient vivants. Les pays asiatiques sont experts à faire apparaitre des cétacés, des dauphins sur un trottoir voire une route ! Les édifices religieux s'ornent désormais de cette technologie pour faire apparaitre des entités sur les murs lors des fêtes de fin d'années, les jeux vidéo vous font construire des villes, des zoos, des choses merveilleuses alors que tout cela est fictif ! Pourtant dans le jeu ZOO, je confirme pour l'avoir vécu, même fermé, les personnages, les animaux continuent à évoluer, à se multiplier, à procréer, à se mouvoir…

Comment cela peut-il avoir lieu ?

Certains jeux fonctionnent par la puissance de votre pensée, par l'intention que vous avez… L'envie, l'amour de ce jeu, ces émotions que vous dégagez lors d'une partie font le reste…

Votre cerveau fonctionne de la même manière. Vos pensées envoyées dans le Futur, sont animées par votre propre désir et celui de l'humanité entière. Ce Futur possède sa propre vie comme l'humanité et vous-même possédez la vôtre. Le Futur vit ses expériences personnelles. Si ce dernier est plus rapide, ses expériences durant une journée de notre Présent, seront bien plus nombreuses que les nôtres : Il se pourrait qu'une heure de notre temps représente une vie entière dans leur monde ! Si vous arrivez à comprendre cela, il sera plus facile d'admettre qu'ils veuillent prendre en main leur propre vie pour arrêter de dépendre de vous ! qui plus est, ils ne savent peut-être pas non plus que vous existez ? Vous avez bien oublié l'existence de votre propre Créateur ! C'est ce que nous faisons chaque jour en désirant prendre en main notre vie, en décidant diverses choses, en prenant des décisions diverses et variées pour notre bien ! Vous pensez tenir les brides de votre vie toutefois, il me semble plus juste d'affirmer que vous êtes bridés par les rênes de votre vie dans les mains d'entités d'autres mondes…

J'utilise le verbe **BRIDER** pour de bonnes raisons. Sa définition est simple. Tout le monde connait son premier sens qui est de mettre un harnais à un cheval… Pourtant lorsque nous allons plus loin, tout s'éclaire !

Verbe BRIDER

- **Contenir** quelque chose, **quelqu'un**
- Empêcher qu'il manifeste librement ses sentiments, ses émotions, ses désirs, ses aptitudes
- Brider une imagination exubérante
- Maintenir les membres d'une volaille par une corde au travers du corps

- Serrer fortement un amarrage reliant deux cordages

Les synonymes sont également très parlants :

- Entraver
- Freiner
- Mater
- Vaincre
- Réprimer
- …/…

C'est donc **le programme que nous acceptons** lorsque nous nous tournons uniquement **vers le Futur**, lorsque nous oublions nos 333 millièmes de notre Créateur.

Si nous nous concentrons un tant soit peu sur le Passé, nous permettons à notre Créateur, notre Père, notre Double de Lumière de choisir parmi nos créations, une pensée qu'il a envie de tenter. Il choisit sa vie Futur parmi toutes les créations que nous faisons. Cet Être Divin ne prend pas notre place, il nous accompagne, il nous aide, nous sommes deux… le Passé et le Présent pour former la Trinité avec l'une des Créations de notre Futur !

En annihilant totalement les 333 millièmes de notre corps physique, donc la matière dans notre monde, nous perdons le pouvoir de notre libre arbitre car nous allons nous équilibrer avec les 333 millièmes de parfaits inconnus du Futur. Inconnus créés par les 7 800 000 000 humains de la planète, pensant chacun entre 60 000 et 70 000 pensées journalières. Ces créatures peuvent vous manipuler sans vergogne par votre ignorance de ces lois. Elles ne se privent d'ailleurs pas de le faire !

Pourquoi ?

Parce que notre monde est moins rapide que le leur et donc visible de leur côté !

Si nous utilisons les 333 millièmes de gravitation de notre corps physique, donc la matière (corps physique, eau, cerveau, chair…) pour nous connecter aux 666 millièmes d'antigravitation de notre Double (leurs pensées) dans le Passé, notre propre Créateur, l'équilibre est donc parfait. Nous bénéficions alors, de l'expérience de celui-ci en tant que Créateur de notre vie. C'est lui qui nous a créé, qui nous a tiré du néant, il ne peut nous vouloir que du bien ! N'êtes-vous pas d'accord ?

Lorsqu'une idée vous vient et que vous l'appréciez particulièrement ! Que faites-vous ? Vous allez approfondir les détails, vous allez focaliser dessus, vous allez concrétiser cette idée, ce projet par la focalisation de ce dernier jusqu'à sa création !

Cependant, votre focalisation sera si forte que le bien-être de l'humanité n'entre pas en ligne de compte, que le mal que cette création puisse faire ne se démarquera pas tout de suite. La focalisation de souhaits exempte de leurs conséquences, nous donne des causes à effets bien désastreux dont nous nous passerions bien.

Nous voyons que le Présent ne peut gérer seul le Futur !

Le principe unique des trois temps Passé, Présent et Futur, permet de voir l'incohérence de la Loi d'Attraction.

- Qui peut vous aider à choisir ce qui est bon pour vous si ce n'est votre Passé ?

- Qui peut vous aider à trier, sélectionner et actualiser le meilleur pour vous si ce n'est votre Passé ?
- Qui peut vous aider à nettoyer les pensées négatives créées tout au long de votre journée si ce n'est votre Passé ?
- Croyez-vous le Futur capable de s'effacer lui-même ?
- Serions-nous capables de nous effacer nous-même par la compréhension de notre inutilité, de notre méchanceté dans ce monde ?

Nous avons été tirés du néant, cette création à part entière est le résultat des pensées venant de notre Passé, une Création faite de chair et de sang dans un monde bien réel qui est le nôtre… Par notre libre arbitre, ce petit 1 millième, nous en avons fait du bon ou du moins bon ! Ce qui est valable pour nous l'est également pour le Futur…

Nous constatons l'impossibilité d'harmonie, d'équilibre des choses en ne prenant que le Présent et le Futur comme le préconise la Loi d'Attraction… il vous manque un temps et vous êtes bancale ! Vous êtes assis sur un tabouret à trois pieds dont l'absence de l'un d'entre eux perturbe fortement votre équilibre vous menant inévitablement à la chute !

Il est donc primordial d'apprendre à maîtriser ses pensées dans la phase de l'endormissement, pour programmer la venue de notre Double du Passé, notre Être Immortel Créateur de notre vie, dans la phase du sommeil paradoxal. C'est la clé de la porte de la Création harmonieuse et positive de tout l'Univers !

Nous arrivons donc à ce fonctionnement merveilleux qu'il faut impérativement connaitre pour modifier votre vie… Il est impératif de faire tous les exercices préconisés depuis le début de ce livre, votre évolution n'en sera que plus rapide…

Contactez votre Double, votre Pair…

Faites aux autres, ce que vous avez envi que l'on vous fasse…

La Magie du sommeil existe réellement. Tout comme le téléphone portable, la télévision et l'ordinateur, vous devez simplement accepter que cela puisse se passer.

Le sommeil est un moment merveilleux où vous voyagez sans vous en rendre compte. D'après vous, comment pouvez-vous voyager pendant la nuit, alors que vous dormez bien calmement dans votre lit, au chaud sous la couette !

Lorsque vous vous mettez au lit pour la nuit, le sommeil ne vient pas tout de suite. Il met quelques minutes à arriver…

C'est donc un voyage en tapis volant que tout ceci s'explique merveilleusement bien…

L'endormissement

Cette première période s'appelle l'endormissement. Elle est essentielle pour une belle et douce nuit. Elle dure entre 5 à 10 minutes, suivant les personnalités. Vous êtes allongé dans votre lit, vous avez sommeil, vous êtes détendu.

On peut dire que c'est votre premier tapis volant vers votre voyage…

C'est lors de ce moment qu'il faut que vous pensiez à un moment merveilleux que vous **avez déjà vécu**. Un moment que vous avez **particulièrement aimé**. Il faut que vous y repensiez, que vous le reviviez, **comme si vous y étiez**.

C'est à ce moment-là que vous vous tournez vers les 333 millièmes de votre Passé, vers votre Créateur. Vous pouvez vous aider par des moments merveilleux vécus avec vos enfants, avec votre conjoint. Ces images peuvent vous parler de cette joie, de ce bonheur que vous avez partagé lors de cette journée. Cela vous aidera à vous endormir avec un souvenir fabuleux en tête et diriger vos pensées dans la bonne direction…

Pensez à un moment déjà vécu plein de joie et de bonheur est primordial pour un voyage dirigé vers le Passé…

Le sommeil lent

Vous accrochez vite un autre tapis volant. Au bout de 10 minutes l'endormissement se transforme en sommeil lent très léger qui dure entre 1 h 30 et 2 heures. Il y a 4 phases dans ce cycle.

Le tout premier est le sommeil lent très léger. Vous êtes comme sur un nuage et s'il y a du bruit, vous n'avez pas envie de répondre, vous êtes trop bien… vous comprenez toutes les conversations et vous n'y participez pas…

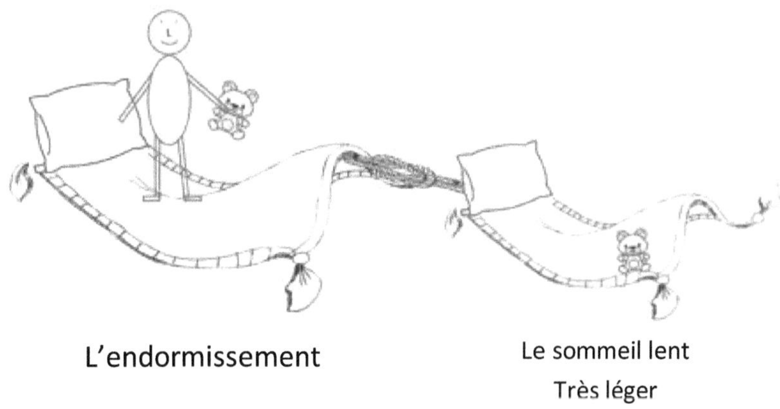

L'endormissement   Le sommeil lent Très léger

Arrive le sommeil lent léger dans lequel on entend encore sans comprendre ce que les gens disent. C'est la 2ème phase. Voilà le 3ème tapis accroché !

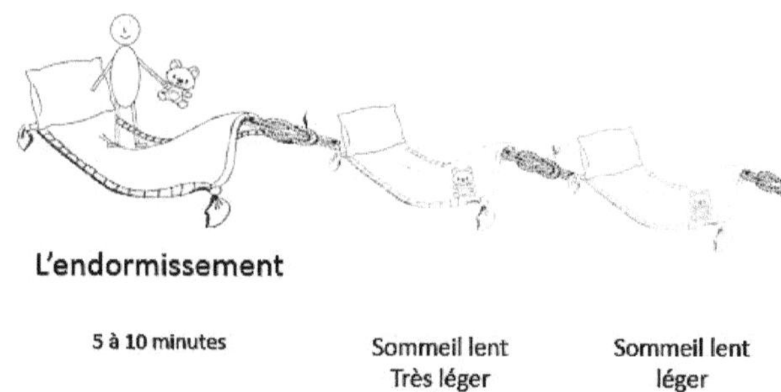

Vous entrez par la suite dans un sommeil lent et profond, la troisième phase du sommeil. Vous n'entendez plus rien et vous êtes totalement coupé du monde.

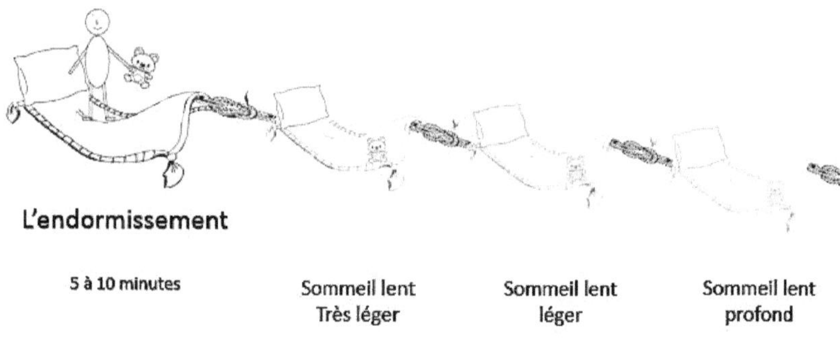

La quatrième phase est le sommeil lent très profond dans lequel vous dormez très profondément.

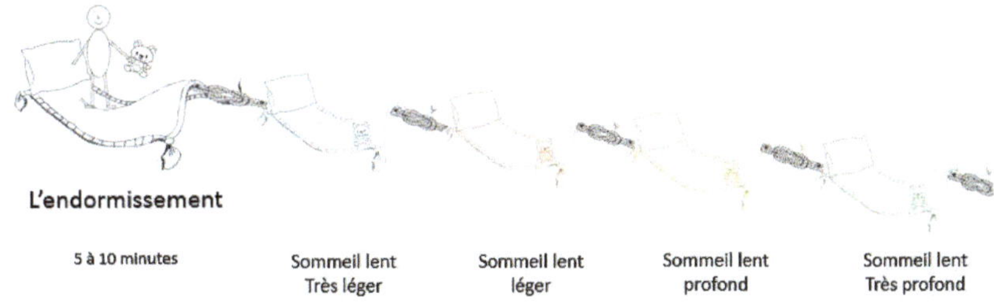

Lors de ces 4 phases, votre corps se repose. Elles durent entre 1 h 10 et 1 h 40 minutes.

Le sommeil paradoxal

Vous pénétrez ensuite dans un sommeil paradoxal. C'est celui-ci qui est important par les rêves que vous allez vivre lors de ce sommeil. Oui, vous allez vraiment vivre ces rêves.

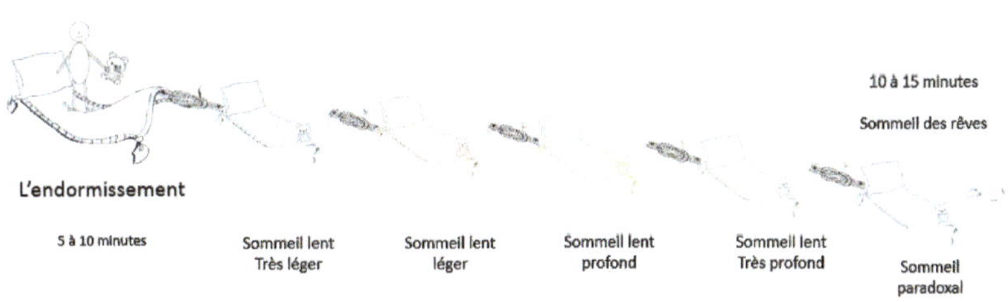

Le sommeil paradoxal est la phase la plus courte du cycle du sommeil : Elle dure entre 15 à 20 minutes. Cette phase est caractérisée par une activité cérébrale intense. C'est lors de ce lapse de temps que vous rêvez. Pourtant, lorsque vous vous souvenez de vos songes, vous avez l'impression qu'ils ont durés bien plus longtemps. Il se pourrait donc que vous vous soyez endormis avec des pensées liées au futur et c'est donc normal puisque nous venons de voir que le Futur est plus rapide que notre monde.

C'est lors de ce sommeil, que la décorporation à lieu…

Je vous mets sur la page suivante, un tableau récapitulatif de tout ceci qui vous aidera à retenir le moment le plus importante de votre journée.

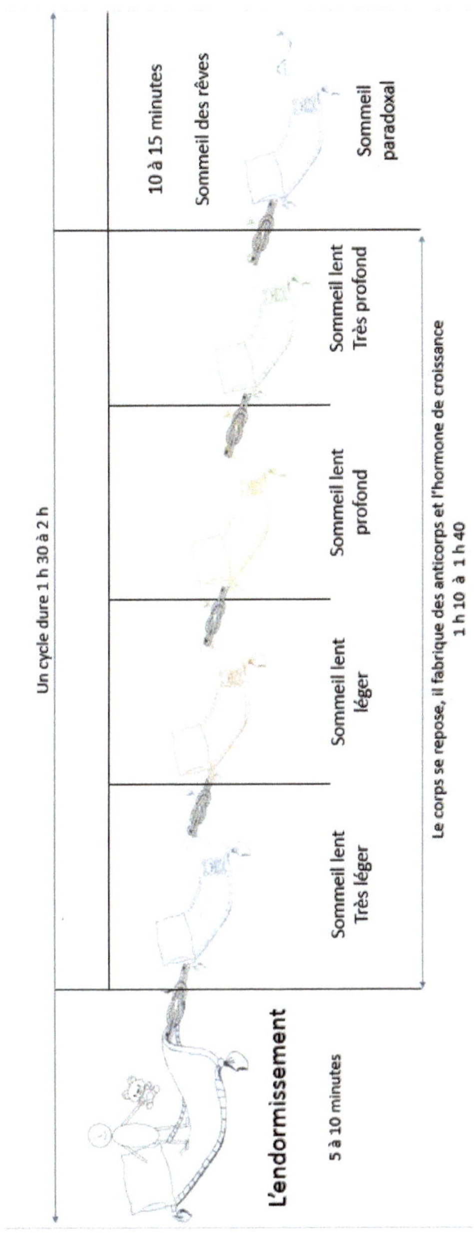
Un cycle dure 1 h 30 à 2 h
L'endormissement
5 à 10 minutes
Sommeil lent
Très léger
Sommeil lent
léger
Sommeil lent
profond
Sommeil lent
Très profond
10 à 15 minutes
Sommeil des rêves
Sommeil
paradoxal
Le corps se repose, il fabrique des anticorps et l'hormone de croissance
1 h 10 à 1 h 40

Votre nuit est composée de plusieurs cycles comme celui-ci-dessus, entre 4 à 6 cycles de tapis volants... Une fois un tour terminé, on en refait un autre... comme un manège.

C'est lors de ce sommeil paradoxal que vous partez en voyage.

Comment ?

Vous quittez votre corps, tout du moins votre physique. Nous avons vu que vous étiez fait d'énergie et de matière... C'est donc votre corps énergétique qui quitte votre corps.

2 directions

- Votre Esprit part visiter **toutes les créations** que vous avez imaginé et qui sont en train de se matérialiser dans un monde parallèle plus rapide que le nôtre. Il s'appelle le Futur
- Vous partez vers le Passé, retrouver **un être cher** en toute sécurité.

Ce voyage, cette sortie de corps se nomme la décorporation. Tout le monde la fait : vous, vos amis, vos parents, votre famille, un SDF, un prince, une reine, les animaux, moi... Tout être vivant où qu'il soit le fait, y compris sur les autres planètes parce que c'est une Loi Universelle donc c'est pour tout le monde pareil...

Vous voyagez donc gratuitement dans des univers parallèles sans le savoir. Les seuls souvenirs que vous aurez, seront des rêves ou des cauchemars.

Ces voyages prennent la direction de vos pensées lors de l'endormissement. Vous comprenez donc l'importance de cette phase qu'est l'endormissement et du choix de vos pensées pour diriger votre sommeil dans la bonne direction !

Vous êtes allongé, vous êtes bien et vous pensez aux différentes choses que vous allez faire avec vos amis, votre famille, vos collègues de travail le lendemain. Vous vous souvenez très certainement des temps de conjugaison à l'école ! Vous savez donc que le passé est un moment qui s'est déjà déroulé et que le futur est un moment à venir même si c'est dans quelques secondes !

Lorsque vous vous endormez avec des pensées pour le lendemain, vous pouvez donc comprendre facilement que vous partez en voyage vers le futur ! Vous allez expérimenter une expérience parmi tout ce que vous avez créé dans la journée, dans les semaines voire les années antérieures. Ça en fait des expériences à faire, ne trouvez-vous pas !!! Surtout que nous pensons entre 60 000 et 70 000 pensées par jour !

Si vous vous remémorez un moment fabuleux où vous étiez heureux, un moment de joie et de bonheur, c'est vers le passé que vous partez pendant le sommeil paradoxal. C'est donc vers un moment que vous connaissez déjà donc très rassurant. Vous prendrez donc beaucoup de plaisir à le revivre.

En vous endormant vers le Passé, vous entrez en contact avec les 666 millièmes d'antimatières de votre Créateur, votre Pair, votre Double de Lumière. C'est Lui qui vous a créé, Il vous a pensé… Il ne peut vous vouloir que du bien ! Il viendra donc prendre votre place dans ce corps physique qui est allongé dans votre lit et qui est le vôtre le temps de votre vie. Il ne peut le bouger, il n'est là que pour le faire survivre le temps que vous reveniez de votre expérience astrale…

Cet être merveilleux, en s'allongeant dans votre physique, entre en contact avec l'eau de votre corps. C'est par le biais de ce liquide merveilleux et pure qu'il sélectionnera son propre avenir. Il choisira parmi toutes les pensées que vous avez émises toute au long de votre journée. Il en choisira une et fera en sorte qu'elle vous apparaisse à votre réveil comme l'Idée à retenir. Ce Double de Lumière fera en sorte que vous soyez persuadé du bienfondé de son choix et qu'il vous appartient. Que ce chemin de randonnée est le seul vraiment bon à suivre…

Au début, nous pouvons douter des sélections qui nous arrivent à notre réveille. Il suffit de demander à cet Être fabuleux, de nous donner un signe visible, un signe que vous devez comprendre et voir, un signe qui vous montrera que vous êtes sur le bon chemin et que c'est la bonne pensée. Il vous le donnera par n'importe quel biais qui se trouvera à sa portée la réponse à votre question. Il pourra donc :

- Claquer une porte sans que personne ne la touche et exempt de courant d'air
- Faire tomber une feuille de papier en lui faisant un bruit de chute qui vous interpellera
- Interagir sur votre ordinateur, faisant des smileys joyeux, mécontent en guise de réponse,

- Vous faire rencontrer des gens à l'extérieur totalement inconnus et pourtant ils vous délivreront le message tant attendu.

J'ai vécu ce genre de chose et c'est en toute connaissance de cause que je vous en parle.

3 temps pour une Trinité

Comment peut-il faire pour interagir dans notre monde ?

Il existe des portes temporelles reliant les mondes visibles et invisibles.

D'ailleurs, pourquoi parle-t-on de monde invisible ? Pour comprendre cette notion, on doit accepter de vivre dans un monde tridimensionnel : le Passé, le Présent et le Futur. Temps grammaticaux appris à l'école exempt de vraies significations. C'est déjà une chose bien compliquée à admettre pourtant très facile à faire. L'être humain adore suivre les meutes et faire la même chose que son voisin… sortir du cadre, de son confort lui vient rarement à l'esprit !

Tridimensionnel ne serait-il pas synonyme de Trinité ?

Nous devons également savoir que ces trois temps sont indissociables : l'un ne peut exister sans les autres ! Le Présent ne pourrait exister sans les pensées créatrices du Passé, qui lui, ne peut exister sans les pensées créatrices de son propre futur nous ! Nous sommes donc le Passé de nos pensées futures et le Futur de notre Passé qui nous a créé ! Comme le professeur de français vous expliquait que ces trois temps étaient les temps principaux ! Pour une fois, je suis en total accord avec ça !

Notre Créateur, dans le Passé, est plus près de la Lumière, de la Force que nous-mêmes… Son temps, son monde est donc plus lent que le nôtre. De par sa lenteur, ce monde est par la logique invisible à notre œil. Notre perception du temps est différente de la sienne.

Cette différence de vitesse que nous avons avec nos propres Créateurs, ces Êtres Immortels dans le monde du Passé, est identique avec nos propres pensées dans le Futur.

Toutes ces Créatures que nous créons avec nos propres pensées font de nous également des Créateurs… Elles vivent donc également dans un monde plus rapide que le nôtre… élément que nous avons vu juste un peu plus haut. Comme nous sommes dans un monde plus rapide que celui de notre Créateur. Nous sommes donc invisibles aussi…

Ces portes temporelles peuvent également correspondre avec un nombre, une date comme on a pu le voir avec certaines manifestations récentes, ainsi que le sommeil. En effet, le sommeil est l'une des plus importantes portes à notre disposition.

Résumé et rappel

Cette porte est une pure merveille parce qu'elle nous donne le choix de notre vie. Le sommeil se divise en 4 phases bien distinctes.

- **L'endormissement**
  La respiration devient plus lente, les muscles se relâchent, la conscience diminue. Durant ce stade de demi-sommeil, les muscles peuvent montrer de petites contractions, souvent avec l'impression de tomber dans le vide. Il arrive souvent à ce moment que nous « sautions » dans le lit. C'est ce moment que nous devons apprendre à gérer, vous savez maintenant pourquoi !
- **Le sommeil lent et léger**
  Phase 2 du sommeil. Le sommeil lent et léger, comme son nom l'indique, n'est pas très profond et il représente en principe 50 % du temps de sommeil global. Il est encore facile de se réveiller à ce moment, un bruit ou une lumière suffisent, mais la personne se souvient d'avoir dormi. Durant cette sous-phase, les activités oculaire et musculaire se réduisent.
- **Le sommeil lent et profond**
  Cette phase représente les stades 3 et 4 du sommeil. Le dormeur est isolé du monde extérieur par le sommeil. Il est difficile de le réveiller durant cette phase. C'est le moment du cycle où l'on récupère de la fatigue physique accumulée. Il s'agit d'une phase très importante car tout l'organisme est au repos et récupère. Le cerveau émet des ondes lentes et amples. Il représente environ 20 % du sommeil total.

- **Le sommeil paradoxal :**
  Cette phase est appelée « paradoxal » car l'individu présente simultanément des signes de sommeil très profond et des signes d'éveil : le visage présente des expressions, la respiration est irrégulière et l'activité cardiaque est élevée. Ces signes d'éveil sont la conséquence d'une parasomnie ou le plus souvent d'un phénomène nocturne mystérieux : **le rêve**.
  Le **rêve** peut se produire également, dans une moindre mesure, pendant la phase de sommeil profond mais il sera moins élaboré et on ne s'en souviendra pas.
  Cette phase représente environ 25 % du temps global de la phase de sommeil.
  C'est la porte inter dimensionnelle la plus importante de toutes les 24 heures.

Ce sommeil paradoxal dure 90 minutes environ et plusieurs phases, de cette même durée, vont ainsi se succéder durant la nuit. Cependant, c'est la phase de l'endormissement qui est vraiment la plus importante parce qu'elle va déterminer la construction de notre vie Future. Votre vie se construit par la direction que vos pensées prennent dans la phase d'endormissement… J'insiste vraiment, c'est essentiel à votre réussite…

L'endormissement est donc la clé qui ouvrira la porte temporelle du sommeil paradoxal.

Que se passe-t-il donc lors de notre sommeil ?

Lors de cette phase du sommeil paradoxal, nous effectuons, tous autant que nous sommes, une décorporation ou voyage astral. Du SDF au plus riche, nous faisons tous cette sortie de corps lors de cette phase.

Le voyage astral est le fait que l'Esprit se dissocie du corps physique pour vivre une existence autonome et explorer les mondes environnants. Nous restons reliés à notre corps par ce fil d'argent, fil d'Arianne qui nous montre le chemin lors de notre retour, un peu comme le petit poucet et ses cailloux...

La décorporation est un autre nom du voyage astral, cependant, lorsque nous cherchons un peu plus loin que le bout de notre nez, plusieurs synonymes de cette expression nous montrent un chemin que tout le monde ignore : nous y trouvons donc l'excursion psychique, l'expérience hors du corps (EHC), la projection astrale, la projection du corps astral, le voyage hors du corps, la sortie astrale, le voyage astral et le plus important : **le dédoublement astral** !

Cette dernière expression est donc la signification exacte de notre état quotidien dans ce monde. Tout nous est expliqué, mais les yeux sont fermés à toutes ces informations totalement libres d'accès. Nous nous sommes dédoublés et nous en ignorons le comment, le pourquoi !

Lorsque notre Créateur, Être Immortel, nous a pensé, la Force de sa Pensée, le désire de nous voir arriver, ont cristallisé la matière nous permettant d'incorporer un corps physique. Une partie de nous-même est donc arrivée pour vivre dans ce monde en laissant l'autre partie dans le Passé, notre autre nous-même : on s'est dédoublé ! Il est donc logique que nous puissions faire ce voyage à chaque jour de notre vie en sens inverse pour un retour à la maison ! Avez-vous vu le film Avatar ! Le personnage principal se décorpore de son corps pour entrer et faire vivre un autre physique dans un autre monde !!! vous avez aimé ce film, pourquoi dans ce monde que nous pensons réel, cela devrait se passer autrement ! Si nous acceptons que notre cerveau, notre Esprit puisse fonctionner de la même manière qu'un téléphone portable, le tour est joué !

Cependant, ce voyage « intersidéral », s'effectue suivant les pensées que vous avez lors de votre phase d'endormissement. En effet, il suffit que vous vous endormiez avec des pensées tel que :

- Que vais-je faire demain pour le repas ?
- Cette robe que j'ai vu dans la vitrine m'ira-t-elle ?
- Dois-je aller à…
- Que vais-je dire lors de cette réunion ?
- …/…

Du moment où votre pensée se dirige vers votre futur même proche de quelques secondes, instants qui ne sont pas encore arrivés, votre Esprit se dirige vers le Futur lors de la décorporation.

Votre endormissement programme votre voyage astral lors de ce sommeil paradoxal. Vous allez donc voyager dans un monde que **VOUS et l'humanité avez créé** par vos propres pensées, qu'elles soient négatives ou positives… Comme un jeu vidéo… Vous allez expérimenter pendant ces 90 minutes, une vie dans le corps d'une de vos créations voire l'une des créations des 7 800 000 000 d'humains, des moments bien longs. Ces instants vous ne les avez pas sélectionnés, c'est une entité qui vous choisit, qui jette son dévolu sur vous et vous ne savez pas laquelle !!! Vous partez dans un monde où les ondes hertziennes sont à la hauteur du créateur, donc vous-même ainsi que de tout autre créateur... Sans compter toutes les pensées émises par le restant de l'humanité et dont la majeure partie des gens n'ont aucune connaissance de ce Double... Un jeu de pur hasard pur et simple...

Qui sait qui peut être le créateur de cette entité qui va venir faire survivre votre corps lors de la décorporation et qui sait ce qu'elle modifiera en vous pour vivre sa vie ???

Dites-moi, a quoi avez-vous pensé ces derniers temps ?

Avez-vous focalisé sur les nouvelles des réseaux sociaux qui sont plutôt négatives ?

Avez-vous écouté toutes les informations des journaux télévisés qui sont payés pour diffuser du négatif ?

Avez-vous rabâché toutes ces tristes nouvelles ?

Faites une analyse de vos pensées passées et bien qu'elles soient dans le passé, elles sont bien créées. Nous devons apprendre à les gérer et à les annuler, faute de quoi, nous serions responsables de leur création si quelqu'un d'autre venait à les actualiser !

La loi d'Attraction ne vous dit pas cela !

Bien au contraire, elle vous préconise de ne plus penser au passé et de ne focaliser que sur le futur… On voit donc maintenant l'incohérence de cette dernière ! Le coffre à jouets est bien rempli de billes noires !!! Elles brillent de toute leur obscurantisme !

Si nous nous endormons en pensant à des moments merveilleux de notre vie, des moments de joie, de bonheur que nous avons tous vécus au moins une fois dans notre existence, nous partirons donc retrouver, lors de ce voyage astral d'une durée de 90 minutes, le temps de notre Créateur, pour nous reprogrammer auprès de la Lumière.

C'est notre Créateur, celui qui nous a pensé ! Il est donc logique qu'il soit protecteur, aimant et attentionné… Qui plus est, il est le seul à venir en nous, il ne nous est pas inconnu ! Ce qu'il nous propose est donc rassurant, parce que nous le connaissons. Vous savez qu'en vous tournant vers lui, la voie est dégagée, le voyage est serein, calme… Votre Pair vous protège comme un bon père de famille, comme si vous étiez lui… et pour cause : vous l'êtes !

Lors de cette décorporation, nous laissons un corps physique dans le monde de notre Présent. Ce corps doit rester en vie le temps que nous nous promenions à droite et à gauche à la découverte de nouvelles expériences… C'est donc une entité qui vient dans notre corps pour permettre à ce dernier de rester en vie. Etant donné qu'elle n'est pas dans son propre temps, elle ne peut bouger. Sa présence permet uniquement de faire vivre notre corps physique.

Cette entité viendra soit du Passé, notre Double de Lumière, cet Être Immortel, soit du Futur, l'une de nos nombreuses créations (entre 60 000 et 70 000 par jour x l'âge que vous avez x par le nombre d'êtres humains sur Terre). En ce qui concerne ces dernières, tant que nous ne savons pas gérer nos pensées comme il le faut et ce chaque jour de notre vie, cette entité peut être l'une de vos créations négatives ou positives ! Vous ne choisissez pas, elles oui ! Par le biais de cette intrusion dans votre corps, les entités venant du Futur s'amusent à vous reprogrammer lors de leur venue. Ces 90 minutes de voyage astral, peuvent donc modifier tout dans votre vie sans que vous ne vous en rendiez même pas compte !

En effet, notre monde n'existe pas, il est le reflet de pensées futures actualisées dans le présent... nous vivons donc dans le passé de ces pensées futures...

Ce monde merveilleux dans lequel nous vivons, représente les pensées futures de nos Doubles Créateurs, Êtres Immortels. Nous testons donc des expériences toutes différentes pour que notre double vienne choisir et sélectionner celle qui lui convient et qui correspond à ce que nous avons choisi ensemble avant notre dédoublement ! Ces choix datant d'avant notre dédoublement sont en parfaite harmonie avec notre bien-être et impérativement le bien-être sur Terre et la propagation de la Paix sur la planète.

La question que nous devons donc nous poser est :

Voulez-vous faire vivre à votre Double Créateur, Être Immortel dans le Passé, la vie que vous avez vécu jusqu'à présent, en sachant que votre Double c'est vous… Avez-vous donc envie de revivre votre vie ?

Ne trouvez-vous pas que la réponse arrive facilement ?

Cette question doit être suivie par d'autres interrogations :

- Ce que je veux, est-ce en accord avec le bien-être de l'humanité et la Paix sur Terre ?
- En ai-je besoin ? Est-ce utile ?
- Qu'elles sont les conséquences de mes choix ? …

Les réponses à ces questions ne nécessitent pas un lapse de temps très long à la réflexion ! Celles-ci arrivent généralement rapidement ! Ce résultat dirigerait avec certitude tous les humains vers la Paix, le respect des autres, le respect des mondes Animal, végétal, minéral, le respect de la Terre, le respect de l'Air, le respect de l'Eau… L'eau est un élément vraiment très important à la communication que vous allez découvrir avec bonheur…

C'est par notre comportement, nos émotions, notre proportion à Aimer et respecter les autres humains, la Terre nourricière, la faune, la flore que nous changeons nos pensées, donc notre futur.

Par ces changements, la vie de notre Double, vivant dans le Passé s'en trouve modifiée et s'améliore donc aussi.

Il est donc logique que notre vie ne représente que des expériences Futures que nous vivrons dans notre Passé. C'est donc à nous de créer la vie que nous voudrions vivre plus tard avec notre Double. Vie qu'ils choisiront lors de leurs venues pendant ce sommeil paradoxal. Nos retrouvailles se feront lors de la réunion des temps Passé, Présent et Futur voire lors de notre départ physique que nous appelons la mort voire dans cette vie, dans ce maintenait et ici à force de travail… Comme un athlète, comme un grand chef cuisinier, comme un maître boulanger, c'est à force de travail que vous allez chevaucher ces tapis volants avec dextérité ! C'est avec une grande joie que vous créerez votre vie pleine d'harmonie, de paix, de joie parce que vous acceptez enfin que vous n'êtes que le fabriquant de jouets et que l'enfant qui choisit celui qu'il aime le plus, c'est votre Pair dans un autre monde : le Passé.

Ces retrouvailles se feront Si et uniquement Si, nous pensons au passé lors de ce départ physique de cette Terre comme pour la phase d'endormissement de notre sommeil !

La loi d'Attraction ne vous en parle pas !!!

Le travail, lors de la phase de l'endormissement, est une porte pour notre futur tout comme cette même porte est présente lors de notre départ physique. Il est donc de la plus haute importance de gérer également ce moment fatidique que nous analysons comme négatif. Nous voyons donc l'importance d'avoir l'esprit totalement libre de tout additif médicamenteux obstruant nos facultés de penser. La gestion de ce moment nous permet de retrouver notre Double de Lumière, notre Créateur, Être Immortel, pour de nouveau former cette Trinité Divine. Trinité que nous pouvons également obtenir par force de travail sur nous-mêmes, nos pensées, nos actes, nos paroles dans ce monde, lors de notre propre vie... C'est alors l'aboutissement de la Trinité qui permet de surfer sur les ondes de Vie en totale sécurité, accompagné de notre Créateur qui sélectionne notre Futur parmi toutes ces créations que nous avons bien du mal à maîtriser !

Notre Double

La gestion de ce moment merveilleux nous permet de retrouver notre Double de Lumière, notre Créateur, Être Immortel, pour de nouveau former cette Trinité Divine. Trinité que nous pouvons également obtenir par force de travail sur nous-mêmes, nos pensées, nos actes, nos paroles dans ce monde, lors de notre propre vie…

Vous pourriez comparer votre vie comme le programme d'un jeu voire d'un grand magasin de jouets dont vous êtes le gérant…

Votre créateur passe la commande d'objets, d'expériences via ses propres pensées… Ces dernières arrivent par le biais des ondes dans une boîte aux lettres : votre eau… Votre créateur a pensé également entre 60 000 et 70 000 pensées par jour… vous n'êtes donc pas le seul à pouvoir fabriquer cette demande !

C'est celui qui trouvera ce jouet, cette expérience qui sera choyé… vous trouverez ce jouet ou fabriquez cette expérience uniquement parce vous vous endormez vers le Passé ! Vous ne pouvez entrez en contact avec lui qu'en modifiant votre façon de vivre, de penser, de vous nourrir dans ce monde…

C'est alors l'aboutissement de la Trinité qui permet de surfer sur les ondes de Vie en totale sécurité, accompagné de votre Créateur qui sélectionne votre Futur parmi toutes ces créations que nous avons bien du mal à maîtriser !

Comment faire pour que notre Double porte son attention sur nous ?

Nous avons été créés à l'image de nos Créateurs... Nous avons donc le même potentiel...

Si, dans notre monde, le Présent, nous sommes capables de penser entre 60 000 et 70 000 pensées par jour, nos Créateurs le peuvent donc également...

Si nous pouvons créer notre vie par la pensée, nos Créateurs le peuvent également !

Si nous créons des Futurs avec les 60 000 à 70 000 pensées journalières, nos Créateurs ne feraient-ils pas la même chose ?

Serait-il possible que nous puissions créer environ 60 000 futurs lors de notre journée ?

Serait-il possible de créer le même nombre de petits doubles nous ressemblant dans ce monde du Futur ?

Si nous, nous pouvons le faire, nos Créateurs ne seraient-ils pas capables eux aussi de faire la même chose ?

Si nous revenons sur le verbe CREER, est-il possible que nos Créateurs aient enfanter autant de petits doubles nous ressemblant dans ce monde ?

Ne pensent-ils pas également le même nombre de pensées par jour ?

Si la force de leurs pensées nous ont fait naître dans ce monde, n'est-il pas logique également que nous ayons des sosies sur cette Terre ? Il est également intéressant d'aller chercher le synonyme du mot sosies : jumeaux, répliques, paires…

Toutes ces pensées que nos Créateurs ont émises, sont donc venues se matérialiser dans notre monde que nous appelons le Présent, notre Présent…

Le monde que nous nommons le Passé, n'est-il pas leur Présent ? Dans ce cas, nous serions donc dans la représentation de leur propre Futur !

Ces Créateurs, ces Dieux, ont donc le même nombre de pensées par an…

Et si ces merveilleux Êtres savaient exactement ce qu'ils faisaient !

Et si ces Dieux, ces Doubles fabuleux, avaient la possibilité de créer notre Présent, par des pensées merveilleuses, pleines de bon sens, comme nous, nous avons la possibilité de modifier nos pensées pour créer un Futur plus heureux…

Cela expliquerait pourquoi nous avons des sosies aussi nombreux et pourquoi nous nous ressemblons autant !

Dans la logique de ce fonctionnement, il est donc normal que ce Créateur puisse choisir parmi tout ce qu'il a créé ! Comme nous nous pouvons le faire ! Nous arrivons donc sur un sujet très important qu'est le Libre Arbitre.

Quels sont donc les raisons qui feraient que ce Double, ce Créateur, puisse focaliser sur nous au lieu de tous ces sosies qu'il a créé également ? Pourquoi le ferait-il ?

Souvenez-vous, un peu plus haut, nous avions vu les 999 millièmes du corps physique dans la matière et de l'antimatière de nos pensées. Pourtant ce calcul est fait sur une base de 1 000 millièmes. Il nous reste donc ce tout petit 1 millième, cette minuscule part de la totalité de notre être pour faire toute la différence ! C'est notre Libre Arbitre, notre envie de suivre le Futur ou d'écouter le Passé. Quand nous découvrons le fonctionnement merveilleux de ce monde, nous comprenons vite l'importance extraordinaire de ce 1 millième de notre entité !

Alors comment faire ?

Nous devons montrer que nous avons compris et voguer sur le chemin le plus respectueux de ces valeurs, de ces vertus. Nous devons nous tourner vers ce monde merveilleux, vers ce Double de Lumière dans le Passé par le biais de notre sommeil dans un premier temps, afin qu'il puisse entrapercevoir notre désir de contact. Nous devons lui montrer que nous nous souvenons de son existence ; nous devons lui montrer l'importance Divine qu'il représente à nos yeux. Notre choix de nous tourner vers lui et non vers le Futur, lui montrera que nous employons notre **Libre Arbitre volontairement** pour prendre contact avec Lui. C'est donc nous qui faisons le premier pas… C'est notre choix !

Notre Créateur se montrera plus que généreux lorsque nous lui montrerons que nous l'écoutons. Il prendra soin de nous, nous aimera comme nous pouvons aimer focaliser sur un souhait cher à notre cœur, il nous dirigera sur le bon chemin, nous montrera la voix comme un parent peut le faire pour son enfant. Il ne prendra jamais les rênes de votre vie parce qu'il est respectueux de votre libre arbitre. Cependant il sera merveilleusement heureux de vous voir le regarder de nouveau et faire attention à Lui parce qu'il vous Aime d'un Amour pur et totalement désintéressé ! Il souhaite du plus profond de son cœur, nos retrouvailles…

Quand nous nous retrouverons, soit à notre mort par laquelle il viendra nous chercher pour rejoindre son corps de Lumière, soit par l'ouverture d'un temps unique rejoignant le Passé, le Présent ou le Futur, nous retrouverons donc notre Double du Passé qui nous permettra de vivre cette vie immortelle tant attendue et que nous avons perdue lors de notre dédoublement. Nous redécouvrirons nos ailes…

Contrairement à tout ce qui ce dit, il est possible d'évoluer au point de devenir invisible aux autres, de quitter ce monde pour entrer dans un monde vrai et empli de sens…

Dans votre ignorance, vous créez de nombreux futurs potentiels dans lesquels il y a beaucoup de haine, de colère, de rage. Je rappelle que nous créons la moindre pensée que nous pensons et émettons !

Imaginez, toutes ces pensées que vous avez émises depuis votre naissance sont autant de potentiels disponibles pour vous dans votre futur et sont également disponible pour l'humanité… Nos créations dans le futur, sont donc exemptes de sentiments aimables, exemptes d'amour dans leur majorité… Par notre esprit critique, nos habitudes de ressasser toujours les mêmes mots, rabâcher encore et encore les actualités des journaux télévisés, nous leur avons transmis des émotions, des sentiments bien destructeurs. De par ces créations, nous nous enfantons un monde bien malsain !

Il suffirait pourtant d'inverser la tendance, de leur apprendre à aimer, comme nous, nous devons le réapprendre… Le fait de se tourner vers le positif, de réapprendre à aimer, de vivre en communauté, envoi vers le Futur, donc notre vie prochaine, des ondes hertziennes merveilleusement positives. Nos créations auront donc une base solide de joie, de respect, d'Amour pour construire notre Futur et nous envoyer celui que notre Double dans le Passé aura choisi lors de sa venue chaque nuit dans la phase de sommeil paradoxal. Nous voyons donc l'importance de l'endormissement pour notre vie Futur. La compréhension de ce moment est essentielle comme peut l'être la compréhension d'une possibilité d'un monde meilleur par le biais de nos pensées, de notre cerveau !

Dans cette méconnaissance des Lois Universelles, Lois Supérieures, nous avons donc créé des créatures dans le Futur. Ces êtres sont pourvus des mêmes possibilités que nous. Nous sommes leur créateur. Ils nous ressemblent trait pour trait. Nous avons donc enfanté le même nombre d'êtres que de pensées et nous leur avons également programmé les mêmes pensées, les mêmes désirs que nous avions au moment de leur création ! Nous avons fait un copier-coller de ce désir, de cette envie au moment où nous focalisions sur ces souhaits !

Seulement, dans ce Futur, il n'y a pas que vos pensées, vos désirs, vos envies… Souvenez-vous de l'expérience du verre d'eau et de la bassine ! Dans ce Futur, ce NOOS, cette conscience collective se trouve toutes les pensées, tous les désirs, toutes les envies de toute l'humanité, de tout être vivant pensant se trouvant dans le cosmos ! Dans ce capharnaüm, il y a de quoi se perdre ! C'est ce que nous faisons en demandant au Futur de nous apporter ce que nous désirons… Par cette demande nous prenons la décision, notre libre arbitre, de nous tourner vers le Futur, afin de recevoir quelque chose que nous aurions mérité !

Souvenez-vous : un boulanger demande-t-il à son s'y celui-ci est assez cuit pour le sortir du four ? Demande-t-il l'autorisation au pain de le sortir de son antre !!!

Le chef d'orchestre demande-t-il à ses musiciens si cela leur convient, si le morceau est assez long, si les graves sont bons !!!

C'est là que le bât blesse ! Par cette inconscience de nos possibilités, nous offrons avec un joli nœud cadeau, les rênes de notre vie à des êtres dont vous êtes peut-être le Créateur, mais également à tous ceux qui ont été créés par le reste de l'humanité et de tout être pensant dans le Cosmos !!! Ils dirigent donc votre vie sans vous demander votre avis pour vivre ce qu'eux ont envie de vivre !!!

Oui, vous avez bien lu, j'ai bien écrit sans notre avis… Il existe dans le Futur, des voyous vous manipulant et vous faisant croire que ce que vous vivez est normal… Ils se créent ainsi la vie qu'ils veulent vivre dans notre futur donc dans leur Présent, vie qu'ils choisissent au détriment de notre propre vie. Des Créatures pensantes que vous avez créées avec le même potentiel que vous : elles créent également avec leurs propres pensées ! et ainsi de suite…

Du moment où votre focalisation se dirige vers le Futur, c'est donc ce monde que vous intégrez lors de votre départ physique à la fin de votre vie, pour vivre les expériences que vous avez créées avec toutes vos pensées négatives et positives ! Une analyse de vos pensées quotidiennes est donc indispensable afin de savoir vers quoi vous vous dirigez ! Vous avez le droit de choisir cette option, c'est votre libre arbitre… Cependant il est important de comprendre que ce choix vous éloigne de plusieurs milliers d'années de votre retour à la Lumière. Nous sommes venus sur Terre pour apprendre une leçon, cette dernière ne serait-elle pas de retrouver notre Double afin de réunir notre Trinité et vivre l'Immortalité : une Trinité que l'on peut nommer Passé, Présent et Futur !

Une chose importante est à savoir…

Comme je le disais un peu plus haut dans ce livre, plus nos doubles créent d'autres doubles, plus la vitesse de ces mondes est rapide, plus cela devient sombre par la vitesse du « temps » … On appelle cela le futur ténébreux, les ténèbres, le futur de l'ombre, l'enfer…

C'est à nous de leur inculquer les bonnes lois, à nous de leur donner un enseignement sain comme nous le ferions à un enfant. C'est à nous de leur montrer le chemin le plus lumineux tout en sachant, que ces êtres dans le Futur ont également le choix de suivre ce précepte que nous leur offrons comme nous nous avons le choix de suivre l'enseignement de nos propres Créateurs ! Il leur restera toujours ce pouvoir de décision, ce 1 millième de leur entité pour choisir le Passé ou le Futur... Comme nous nous possédons ce pouvoir.

Pourtant sans eux, la vie s'arrêterait.

Ils sont primordiaux à notre évolution, sans eux il n'y a pas de présent... Votre présent, ainsi que le présent de tout être humain sur Terre sont liés au Futur. Sans ce Futur, votre Présent et votre Passé n'existent pas ! Comme le Futur n'a aucune légitimité sans le Passé et le Présent ! Il serait d'ailleurs le Futur de quoi si le Passé et le Présent était inexistant !

Toutes ces créatures casse-cou sont donc les expériences de nos pensées. D'où l'importance de tenir les rênes de votre vie, de vos rêves... On voit l'importance de ce sommeil paradoxal, des pensées que nous avons lors de l'endormissement pour une vie meilleure... On remarque également que la sélection de nos pensées est primordiale pour que ce Double merveilleux puisse sélectionner dans le Futur une ou des pensées qui puissent lui correspondre et les amener dans le Présent pour les vivre...

Vivant dans un lieu plus sombre que le nôtre, parce que plus rapide, ces créatures créées par nos pensées, s'imaginent que nous sommes au paradis.

Notre monde est plus lumineux que le leur puisque plus proche de la Force, de la Lumière. Ils ont en plus la possibilité de voir le nôtre.

Puisque leur monde est plus rapide que celui de notre dimension, qui plus est, nous sommes leur passé, ils pensent donc avoir toutes les réponses à leurs propres questionnements ! Il est donc logique qu'ils estiment que leur vie serait mieux s'ils géraient la totalité des événements que nous créons dans notre Présent donc leur Passé. Nous ferions très certainement la même chose à leur place ! C'est donc par le sommeil et par la direction de nos pensées qu'ils interviennent dans notre vie pour créer la leur ! Nous devenons donc des êtres dirigés, manipulés par d'autres en toute inconscience !

Ils choisissent donc notre Futur en rapport avec leur Présent et non avec notre Présent à nous, dans notre temps. Pour faire simple, ils viennent reprogrammer leur vie via notre corps physique. Ils nous persuadent que c'est le meilleur pour nous et nous nous dirigeons naïvement sur ce chemin qui n'est pas le nôtre mais le leur. C'est ce que nous appelons subir sa vie !

Ce que nous créons est en fait leur propre vie. Ils ont donc le choix de sélectionner comme nous pouvons le faire, la focalisation de pensées négatives ou positives pour vivre leur vie. Nous parlons donc des 666 millièmes de leur entité énergétique, l'antimatière de leurs pensées et créer ainsi leur propre futur, ou se diriger vers les 333 millièmes de leur matière et dans ce cas, ils se dirigent vers nous, leur propre créateur. Dans un sens ils ont entièrement raison de le faire… Ils ont compris quelque chose que nous ne voulons pas voir. Notre méconnaissance des Lois Universelles leur permet donc de réaliser leur choix en prenant part à la modification de notre monde qui deviendra le leur si vous ne bougez pas le petit doigt... Nous appelons cela la réincarnation !

Trois temps inhérents...

Les 3 temps Passé, Présent et Futur, sont des temps indissociables. Ils ne peuvent en aucun cas, devenir un autre temps. Le Passé reste toujours le Passé, le Présent est toujours le Présent et le Futur se situe éternellement dans le Futur ! Notre Futur sera donc toujours notre futur et nous serons toujours le passé de ce Futur. Nous nous pensons dans le Présent, nous sommes pourtant le Futur de notre Passé et le passé de notre futur !!!

Notre monde est plus près de la Force, de la Lumière, le faisant briller plus intensément que tous les futurs. Logique, notre Présent est plus proche du Passé que notre Futur !

Un cerveau qui brille à chaque pensée...

Nous pensons et lorsque nous pensons, nous émettons un genre d'éclair, un flash, qui illumine leur obscurité... Les créatures que nous créons par la pensée, arrivent donc à nous trouver facilement... Nous émettons de l'électricité à chaque pensée, oui, notre cerveau illumine donc leur monde, égaye leur vie et il est presque normal, vu les circonstances, qu'ils soient attirés pour venir nous faire un petit coucou... Vu le nombre de pensées par jour, il est difficile d'éteindre la lumière, de couper l'électricité !

Certains se réincarnent dans notre monde pour palier à leur propre futur en pensant qu'ils sont au Paradis… Ils peuvent donc décider de vous faire penser ce qu'ils veulent si vous vous endormez en pensant au futur et en omettant le Double Créateur dans le Passé. Le seul à pouvoir changer, sélectionner, trier et actualiser le meilleur de ce que nous créons.

N'oublions pas que nous créons le Futur de nos Créateurs qui eux, se trouvent dans le Passé !

Nous devons reprendre les rênes de notre vie, de nos rêves. Être de nouveau le chef d'orchestre de ce groupe de doubles s'activant dans le Futur pour créer notre présent. Nous devons nous imposer, être ferme tout en laissant à ces créatures le libre arbitre si cher au tout premier Créateur. Ce dernier veut que nous nous aimions, que nous nous entraidions, que nous nous complétions… Ces Lois Universelles sont merveilleusement parfaites !

Nous avons donc été créés par des Créateurs, des Êtres Immortels, via leurs cerveaux, leurs pensées et à leur image… Nous pouvons donc créer des créatures avec notre cerveau, nos pensées et qu'elles aient le même potentiel que nous ! Nous créons tout ce que nous pensons… négatif **ET** positif ! Nos Créatures ont donc le potentiel qu'on leur donne au moment de l'émission de notre pensée. Si cette pensée est chargée de rage, de haine, de violence, de critique, que pouvons-nous créer comme créatures, si ce n'est des êtres aux qualités très négatives ?

Si nous pensons avec Amour, avec joie, avec bonheur, calme et sérénité en pensant à la Paix sur Terre, nos créatures matérialisées par la pensée seront donc emplies de ces qualités merveilleuses !

Si en plus, nous leur inculquons les Connaissances des Lois Universelles, les Créatures du Futur se tourneront vers leurs 333 millièmes de leur matière, nous regardant avec Amour comme nous pouvons regarder notre propre Créateur avec Amour. Elles seront dévotes autant que nous le sommes tous sur cette Terre… Ces êtres comprendront qu'ils doivent rester dans leur monde pour étendre la Lumière dans leur vie… Elles penseront bonheur, joie, Amour… et créeront donc des Créatures dans leur Futur ayant les mêmes qualités… Le copier-coller peut donc se faire dans chaque monde… et à l'infinie ! La Lumière se propage et illumine tout sur son passage. Les connexions se font…

Comment ?

Là est la question… La Loi d'Attraction dont tout le monde parle est merveilleuse, mais elle n'est pas complète et surtout… elle conseille de ne focaliser que vers le futur en omettant définitivement votre double du passé, double qui vous a créé !

Vous comprenez bien que si vous agissez comme cela, non seulement vous ne maîtrisez plus votre Présent, mais vous donnez toute la puissance voulue et toute la liberté souhaitée à toutes ces créatures du futur que vous créez avec vos pensées…

Cela signifie que le peintre demande à sa toile si elle a suffisamment de peinture !

Cela signifie également, que le grand chef cuisinier demande l'autorisation au poulet de le sortir du four !

Cela signifie que le chef d'orchestre demande à ses musiciens si cela leur convient !

Cela signifie que le boulanger demande à sa baguette s'il est temps de la sortir du four !

Il y a donc une incohérence dont personne ne parle, qui met cependant, l'humanité en danger !

Incohérence : Nous demandons à notre Futur de nous apporter ce que nous désirons alors que c'est nous qui l'avons créé !!! Ne trouvez-vous pas cela stupide !

Présent – Futur - Présent

Votre Double du Passé ne peut donc pas venir vous aider et choisir un futur approprié à ce que vous avez choisi tous les deux avant votre dédoublement, puisque vous avez oublié jusqu'à son existence ! Il ne s'intéresse donc pas du tout à vous…

Il va falloir que vous changiez votre façon de penser, de vivre et apprendre à écouter. Il faudra manger autrement, vivre autrement, pour qu'il puisse vous regarder et venir vous aider pendant votre sommeil en allant voir, par l'intermédiaire de votre corps physique, ces futurs potentiels que vous avez créés et qui sont votre présent et ses propres futurs.

Il actualisera donc le meilleur de tout ce que vous avez créé pour améliorer votre vie et la sienne qui ne sont qu'une seule et même vie dans des temps différents, invisibles et visibles, le Ying et le Yang, le Masculin et le Féminin… Une réunion des trois temps pour vivre votre Trinité…

Réalité : Nous demandons à notre Double de Lumière, notre Créateur, notre Père, de venir en nous sélectionner dans le Futur, une expérience qu'il a envie de vivre avec nous dans le Présent

(Passé – Présent – Futur) = Présent = Trinité

Notre présence a pour unique but de tester et de vivre un futur dans le passé, futur actualisé dans notre présent par notre Double du Passé qui deviendra son présent à notre départ définitif de cette planète voire lors de la réunion des temps qui est en cours actuellement !

On est donc uni les uns aux autres sans commune mesure… Nous faisons du mal à l'humanité toute entière lorsque nous voulons, pensons, souhaitons du mal de notre voisin… parce que ces pensées ont un potentiel d'actualisation pour le monde tout entier et si un malheur arrive à votre voisin, c'est la personne émettrice de cette idée qui est la responsable de ce désastre, car une autre personne a actualisé le potentiel émis…

Aimez-vous les uns les autres n'a jamais été aussi vrai quand nous comprenons le sens réel de la Vie.

Le fonctionnement des Lois Universelles est bien plus sophistiqué que nous le pensons, les scientifiques cherchent des explications à tout, sans se rendre compte que cela apporte un potentiel néfaste pour l'humanité…

Certains savent ce fonctionnement, ont les connaissances, mais ne disent rien, se taisent et conservent le pouvoir sur l'humanité toute entière… rendant l'humain docile…

Ces univers parallèles ne sont pas séparés les uns des autres. C'est nous qui les séparons par l'illusion du rêve macroscopique. (Qui est visible à l'œil nu ; qui peut être examiné sans appareil grossissant). Dans notre monde, celui de tous les jours, les objets ont des états, une apparence, totalement différents d'une personne à une autre. Deux personnes qui regardent le même canapé dans une vitrine, ne le verront pas de la même façon de par l'endroit où ils se tiennent, de par la lumière qui se reflète dans cette vitrine et de par le niveau d'évolution de ces deux personnes.

Mais pour toutes les autres personnes se promenant dans cette rue, dans la ville et dans le monde entier, le canapé si joli pour ces deux individus n'existe tout simplement pas ! Vous lisez ce livre et pourtant pour moi vous n'existez pas ! Je ne saurais trop vous conseiller de vous pencher sur la physique quantique qui vous apportera d'autres précieux renseignements sur les atomes et les photons, qui pour moi, sont de véritables merveilles !

Ainsi de manière générale, quand nous sommes sur Terre et que nous vivons notre vie d'humain, nous sommes frappés d'une illusion sensorielle permanente, simplement parce que nos sens physiques sont adaptés à ce niveau spatio-temporel (corps physique donc de matière), comme nos sens psychiques sont adaptés à d'autres niveaux spatio-temporels.

Tous les autres mondes sont près de vous, les sphères inférieures ne peuvent voir les sphères supérieures, mais l'inverse OUI ! D'où le débat sur la nature des choses humain/non humain ; mortel/non mortel qui a lieu actuellement, aire du Verseau, aire de l'Evolution, aire du rapprochement des trois temps Passé, Présent et Futur. Il faut apprendre à sortir du cadre…

Accepter par analyse et déduction, que nous ne sommes pas seuls !

Faites l'exercice ci-dessous ! Reliez tous les points sans jamais lever votre crayon et en ne faisant aucune courbe. Il ne doit y avoir que 4 traits !

. . .
. . .
. . .

C'est donc notre autre nous-même, notre Âme, notre Double qui va se projeter dans son futur, donc notre propre monde, par l'intermédiaire de notre corps et aller sélectionner dans notre futur, ce que nous avons créé par la pensée pour actualiser le meilleur pour nous deux et le bien-être de l'humanité.

Quand fait-il cela ? La nuit et lors d'ouverture d'espaces temporels… du sommeil paradoxal.

Pour faire une petite révision, vous vous endormez en dirigeant vos pensées vers un moment de votre vie que vous avez déjà vécu, il doit être plaisant et empli de joie… Vous devez y repenser et presque le revivre…

Une fois endormi, vous partez dans la direction de vos pensées lors du sommeil paradoxal… C'est lors de cette décorporation que votre Pair vient dans votre corps pour le faire survivre pendant votre absence…

C'est par le biais de l'Eau de votre corps que votre Créateur vous enseigne ce qu'il y a de meilleurs à vivre, à faire, ce qui est bon pour vous. Il sélectionnera la meilleure idée que vous avez créé et que vous avez envoyé dans le Futur…

Il vous montrera que c'est cela qu'il a envi de vivre… AVEC VOUS…

L'EFT et l'EMDR

Il y a de nombreuses possibilités pour chacun, de modifier votre énergie. Beaucoup de soucis, de problèmes, entrainent une énergie négative tout aussi puissante que l'énergie positive.

Souvenez-vous toujours que tout ce que vous pensez, tout ce que dites avec des mots se crée et vous revient dans votre vie au centuple !!!

Je préconise deux méthodes totalement merveilleuses pour les avoir essayées toutes les deux et pour être devenue Psychopraticienne en EFT.

Pour les traumatismes bien ancrés voire plus importants, il est nécessaire de se faire aider ou de pratiquer l'EFT et l'EMDR. Cette dernière méthode consiste en un mouvement oculaire tout aussi efficace que l'EFT. Ces deux méthodes sont utilisées dans de grands hôpitaux et par beaucoup de thérapeutes…

Elles ont fait leurs preuves sur moi-même, sur de nombreux amis, et sur bien d'autres personnes… Ces procédés naturels feront également leurs preuves sur vous et votre famille…

L'Emotional Freedom Technique et l'Eye Movement Desentitization and Reprocessing.

L'EFT est une pratique ressemblant à l'acupuncture.

C'est une thérapie naturelle qui nous vient de la médecine chinoise. Elle permet, par le biais de notre circuit énergétique, de soulager, de faire disparaitre les différents problèmes émotionnels que l'on rencontre dans notre vie de tous les jours. Les douleurs diverses ressenties dans notre corps sont liées à des chocs émotionnels divers et variés de notre vie.

Chaque choc émotionnel et chaque expérience négative que vous avez vécus et ce depuis le début de votre existence, ont laissé une trace dans votre système énergétique formant un barrage dans le flux de votre énergie qui, de ce fait, ne circule plus. C'est comme si, vous interrompiez le courant électrique d'une ampoule avec l'interrupteur ! Le courant est toujours là, mais ne circule plus… La détresse émotionnelle causée par les divorces, les deuils, le stress au travail et à la maison, l'annonce d'une maladie et de son traitement, les mauvaises nouvelles… sont autant de dysfonctionnements corporels et psychologiques.

Tous ces maux, qu'ils soient physiques ou mentaux, graves ou bénins, sont dus à un blocage de la circulation de cette énergie, créant des désordres émotionnels que vous tentez de réguler tant bien que mal tout au long de votre vie. Vous pensez aller de mieux en mieux, que vous êtes fort alors qu'il suffit d'une parole, d'un geste, d'une rencontre pour que tout bascule et que les images du passé viennent vous hanter.

La détresse émotionnelle causée par les divorces, les deuils, le stress au travail et à la maison, l'annonce d'une maladie et de son traitement, les mauvaises nouvelles… sont autant de dysfonctionnements corporels et psychologiques.

Tous ces maux, qu'ils soient physiques ou mentaux, graves ou bénins, sont dus à un blocage de la circulation de cette énergie, créant des désordres émotionnels que vous tentez de réguler tant bien que mal tout au long de votre vie. Vous pensez aller de mieux en mieux, que vous êtes fort alors qu'il suffit d'une parole, d'un geste, d'une rencontre pour que tout bascule et que les images du passé viennent vous hanter !

Cette énergie négative est en vous, et même si vous ne vous en doutez pas, elle est sournoise et s'emploie à détruire votre corps lentement et insidieusement sur des années. Si vous ne prêtez pas attention à ces énergies négatives, des maladies apparaissent, « mal à dit », votre corps vous parle sans que vous ne l'écoutiez !

L'EFT permet de faire un grand nettoyage de votre circuit énergétique en le débarrassant de tout ce qui l'obstrue depuis très longtemps… Ces obstructions peuvent venir lorsque vous étiez dans le ventre de votre maman !!! L'impact émotionnel est effacé définitivement, l'expérience, quant à elle, reste pour se transformer en positif…

Savez-vous que les médecins chinois ont une philosophie exceptionnelle ?

Les médecins chinois ne se font payer la visite que lorsque le patient est en bonne santé ! Dès que ce dernier présente le moindre symptôme d'une maladie, c'est que ce même médecin, n'a pas fait son travail et donc le patient ne le rémunère pas !

La médecine chinoise considère que le travail d'un médecin est de conserver son patient en bonne santé... Je trouve cela plutôt logique et sain ne trouvez-vous pas ?

Notre corps physique est composé d'un système énergétique bien connu des pays asiatiques, de l'Inde... Seuls, les européens ont du mal à faire confiance à cette énergie qui peut également nous guérir de bien des maux...

J'affectionne particulièrement un adage : le corps souffre de « mal à dit » qui vient de mots pensés et prononcés pour devenir les maux d'une maladie !

L'EMDR signifie en français "Désensibilisation et Retraitement par les Mouvements Oculaires". Cette technique est merveilleuse pour soulager et traiter tout stress, tout mal-être.

C'est après un encrage et une légère méditation que le patient va chercher une image qui le choque particulièrement et qui le bouscule jusque dans son âme. Une fois visualisée, cette image doit rester fixe devant les yeux ouverts et le patient commence ses mouvements oculaires de droite à gauche et les faire une trentaine de fois. Le mouvement oculaire ne doit pas dépasser plus d'un mètre. A la suite de ces mouvements, le patient lâche l'image et la laisse partir dans le noir...

L'EMDR traite les phobies, les douleurs chroniques et réduit les douleurs post-traumatiques. Cette pratique peut être utilisée dès que le besoin s'en fait sentir et plusieurs fois si cela s'avère nécessaire pour un même sujet post-traumatique.

Tout ceci permet donc de nettoyer notre énergie… Toutefois, il peut rester des « détritus » venant de vos ancêtres, de vos amis et autres… On nomme cela les implants énergétiques qu'il faudra traiter le moment venu. Ces énergies venant d'ailleurs sont à dénommer avec la médecine quantique et c'est avec cette même méthode que vous l'éloignerez définitivement de votre aura et de votre énergie…

666 Lucifer et le Carbone

J'ai grandi dans la Foi d'une religion à laquelle je n'accorde plus d'importance maintenant avec mon évolution et ma compréhension. Dans cette dernière, il était stipulé que le Démon était un être vil. Il est possible que cette peur soit inculquée pour éviter toute évolution à l'humanité…

Ce chapitre peut donc interloquer bien des lecteurs, cependant, je vous encourage à le lire… Un peu rébarbatif par son côté scientifique, il explique néanmoins un nombre qui fait peur à bien des gens. Je trouvais nécessaire de l'inclure dans ce livre pour en expliquer un autre aspect bien plus lumineux…

Il n'y a aucune connotation religieuse dans les mots qui suivent. Ce dont je parle, vous le trouverez dans les livres religieux de bien des confessions avec une explication différente… Chaque culte indique une route menant pourtant au même endroit ! L'explication ci-après est volontairement située au-dessus de tout ceci pour éviter tout amalgame religieux.

Lorsque nous nous penchons un tantinet sur le domaine scientifique, il apparait que notre corps est fait de carbone !

Or, le carbone est l'un des éléments principaux constituant la matière organique des êtres vivants ! Nous pourrions donc être des Dieux des atomes qui constituent la totalité de notre corps si nous savions l'importance de ce savoir puisque l'eau est également composée de carbone !

Le carbone 12 est l'un des éléments qui compose l'ADN humain. Il est constitué de 6 électrons, de 6 protons et de 6 neutrons… J'ai toujours su que mes facultés à voir et observer mes atomes finiraient par me faire comprendre l'essentiel de mes possibilités !

Nous avons donc là, une autre possibilité pour ce mystérieux nombre 666 ! Nous parlons bien d'un monde invisible à l'œil toutefois accessible par la pensée !!!

Le nombre de la bête serait non seulement ce potentiel que représente notre faculté à créer par la pensée et les mots que nous prononçons, mais également ce côté merveilleux de toute notre potentialité dans cette matière qu'est notre corps physique !

Si nous possédons un pouvoir extraordinaire de création, nous avons vu également que nous sommes les atomes des Dieux, de nos Paires…

Manly P. HALL ne disait-il pas que nous sommes aussi les atomes des Dieux qui constituent l'Univers !

Le nombre 666 et le carbone

Le carbone est l'élément chimique du numéro atomique 6 et du symbole C. Il possède trois isotopes naturels (Deux atomes sont qualifiés d'isotopes si leur noyau comporte le même nombre de protons mais que leur nombre de neutrons est différent Exemple : Si un atome possède dans son noyau 15 protons et 15 neutrons et qu'un autre a 15 protons et 17 neutrons alors ces atomes sont dit isotopes.)

- ^{12}C et ^{13}C qui sont stables ;
- ^{14}C qui est radioactif et a une durée de demi-vie 5 730 années ce qui permet de dater des éléments utilisant du carbone pour leur structure.

Notre réflexion est-elle la limite de notre existence ? Il se pourrait que oui et nous pouvons ajouter également que nos croyances en sont les murs à franchir !

Cela fait réfléchir n'est-ce pas !

La demi-vie est la durée à l'issue de laquelle le noyau de l'atome a une chance sur deux de s'être désintégré. Cette propriété ne dépend pas des conditions de notre environnement, mais bien de notre compréhension !

La compréhension de ce nombre nous donnerait-elle la possibilité d'admettre qu'il puisse y avoir une immortalité ! Si la durée d'une demie vie d'un noyau de carbone ^{14}C est d'environ de 5730 années pourquoi ne pourrions-nous pas avoir cette même particularité puisque notre corps en contient également ?

Serait-il possible que notre cerveau, notre propre libre arbitre, notre tout petit 1 millième de notre corps global puisse représenter cette constante linéaire ? Serait-il possible que le fait de regarder ces atomes, ce carbone, ralentisse les ondes d'énergie au point de les stopper pour en former une image qui représenterait notre monde !

Nous serions donc dans une explication scientifique tout en étant dans la réalité de notre Trinité !

Le carbone-12 est donc l'un des isotopes les plus abondants parmi les isotopes stables de l'élément carbone parce qu'il constitue plus de 98 % du carbone !

C'est une réaction nucléaire qui produit le tout…

C'est la réaction triple-alpha (en astrophysique, la réaction triple **α** désigne un ensemble de réactions de fusion nucléaire convertissant trois particules **α** en noyau de carbone) qui est responsable de cette abondance, et qui est produit dans les étoiles.

Et comme l'a dit autrefois Carl Sagan, "nous sommes constitués de poussière d'étoiles." C'est parfaitement vrai…

Tout un merveilleux programme !!!

Le mot français carbone vient du mot latin *carbo*, qui signifie charbon de bois. On retrouve une allusion au nombre 666 dans la Bible, plus particulièrement dans Isaïe 6.6 : (tout comme dans d'autres livres ésotériques)

"puis, un des séraphim vola vers moi avec un charbon ardent dans les mains, qu'il avait saisi avec des pinces sur l'autel."

L'autel représente le cerveau, la pensée…Carbo serait très certainement cette explosion nucléaire que nous produisons à chaque pensée et qui émet de la lumière !

Le mot hébreu *seraphim* est un nom pluriel dérivé du verbe *saraph*, qui signifie « brûler ». Le terme hébreu seraphim veut donc dire littéralement « les brûlants »et c'est le premier rang de la hiérarchie angélique. Les premières traductions de la Bible hébraïque en grec traduisaient d'ailleurs le mot par « serpents ». Beelzébuth était l'un des princes des Séraphim, juste en-dessous de Lucifer. Cependant allons plus loin encore…

La signification de Lucifer, le porteur de Lumière.

Lucifer est un nom propre qui signifie **"Porteur de lumière"** (étymologie latine : Lux « lumière » – Fero, du latin « porter »).

À l'origine, c'est l'un des noms que les Romains donnaient à l'étoile du matin, autrement dit la planète Vénus (qui était appelée Vesper quand elle devenait « étoile du soir »).

Lucifer est un autre mot utilisé pour désigner le phosphore. Le mot phosphore est issu du grec *phosphorus*, et son équivalent latin est *lucifer*. Phosphorus/Lucifer signifie donc "porteur de lumière", ce qui fait référence à l'Etoile du Matin, c'est également l'autre nom donné à la planète Vénus… tout a donc une définition scientifique cachée derrière l'ésotérisme.

Lorsque l'on combine le phosphore aux éléments cités ci-dessus et au carbone, il constitue notre ADN.

L'électricité et l'hydrogène ont pour point commun d'être des vecteurs d'énergie permettant de transporter l'énergie d'un endroit à un autre… Vous avez bien lu**, d'un endroit à un autre…**

La découverte de la combinaison Oxygène Hydrogène et Carbone fut pour moi une réponse à bien des questions restées en suspens… En effet, cela forme des composés biologiques nombreux dont les principaux sont les sucres, les alcools, les graisses, les chitines, les caroténoïdes…En ajoutant de l'azote, il forme des alcaloïdes et en y ajoutant du soufre, il crée les antibiotiques, les acides aminés… Quand vous ajoutez enfin le phosphore à tout ceci, il forme l'ADN et l'ARN, les merveilleux codes de transfert énergétique les plus puissant de toutes les cellules vivantes.

Les nucléotides sont ces fabuleuses molécules biologiques qui forment l'ADN et l'ARN. Chaque nucléotide est formé de 3 composants :

- Un groupe de phosphates
- Un sucre de 5 atomes de carbones
- Une base azotée

Les deux premiers groupes forment l'épine dorsale de chaque brin d'ADN et d'ARN.

Le phosphate est un composant de l'ADN, de l'ARN, de l'ATP et c'est une étincelle de phosphore (lucifer) qui se trouve dans notre ADN qui fait monter le feu Christique en nous.

Lorsque le 666 du carbone se combine aux éléments cités ci-dessus, et se mélange à Lucifer (le phosphore, ou Phosp-Horus (Lucifer est apparenté au dieu égyptien Horus), nous obtenons une combinaison de réactions d'éléments chimiques qui forment l'ADN et l'ARN. Ce code chimique porteur de vie transmis par Dieu (sous toutes les formes qu'Il soit) est le même code utilisé pour toute la vie, et bien sûr, c'est le nombre de l'homme. Son nombre est composé de 6 neutrons, 6 protons, et 6 électrons (666).

Les divers éléments chimiques, lorsqu'ils sont combinés au carbone, forment notre réalité matérielle, ce que certains appellent la Matrice, le NOOS, la conscience collective : le 666 du Futur, nos pensées, nos désirs, nos souhaits…

C'est en regardant ces atomes, en toute inconscience, en posant notre regard sur l'un d'entre eux, que nous fixons l'image dans notre vie pour en faire une expérience que nous pensons réalité !

Nous nous disons que c'est comme cela, que nous ne pouvons rien pour faire bouger les choses, alors que nous nous sommes bien apportés ce que nous vivons !!! Il suffit donc de laisser aller cette image pour en faire arriver une autre plus plaisante !!! Vous remettez le livre que vous n'avez pas envie de lire sur l'étagère et vous en saisissez un autre…

Nous sommes donc unis à l'Univers par l'eau dont le symbole H2O est totalement fabuleuse… La **molécule d'eau** est composée d'1 atome d'oxygène (O) et de 2 atomes d'hydrogène (H+). 99% de la matière de l'univers est constituée d'hydrogène ! L'hydrogène est l'atome le plus simple et le plus léger. C'est l'élément de très loin le plus abondant de l'univers. Il est associé dans la nature a beaucoup d'autres éléments : surtout à du carbone pour former tous les éléments que l'on a vu plus haut mais également à de l'oxygène pour constituer l'eau (H 2 O).

Ce qui explique notre bien-être lorsque nous sommes en contact avec cet élément primordial…

666 est donc le nombre de l'homme, parce que nous sommes nous-même des créatures venant du Pair… venant de leurs pensées focalisées dans leur Futur, notre Présent…

L'homme a été créé le sixième jour. Le nombre 6 représente l'homme, mais ce n'est pas un chiffre parfait. Par conséquent, 666 est le nombre de "l'homme," et se place juste avant le chiffre parfait 7. Les deux premières lettres dans le nom du "Christ" sont Ch et R, et représentent sept cents (700), le nombre parfait. Notre corps a 7 parties : la tête, la poitrine, l'abdomen, deux jambes et deux bras.

Nous pourrions pousser plus loin l'analyse et dire que :

- Le C représente le Carbone
- Le H représente l'Hydrogène
- Le R représente le rayon solaire
- Le i représente la concentration
- Le S concerne la configuration
- Le T celui de la température de fusion…

Ce qui expliquerait qu'il est plus que nécessaire de prendre contact avec l'état éthérique de notre entité, pour faire cette fusion interne. Un travail de modification de nos pensées est donc INDISPENSABLE à notre évolution.

Voici donc une analyse qui ôte toute connotation religieuse à son explication !

La Procrastination

La procrastination, c'est le fait de toujours repousser au lendemain des choses importantes, de toujours trouver mieux à faire que les dossiers urgents ou les activités pour lesquelles on s'était engagé. Tout le monde procrastine plus ou moins, mais parfois cela devient un véritable handicap dans la vie professionnelle et personnelle.

Le point sur ce problème et les moyens d'en sortir.

Il y aurait une connexion avec l'anxiété et une faible estime de soi. La procrastination est fortement connectée avec un manque de confiance en soi (par exemple l'impuissance apprise), l'ennui et l'apathie… L'impuissance apprise est un syndrome ressentit lorsque l'on pense que nous ne pouvons rien faire, que nous pensons être obligés d'attendre pour que cela aille mieux !!!

Remettre, toujours remettre jusqu'à attendre l'urgence pour intervenir n'est pas bon en soi. Le procrastinateur n'a pas conscience des conséquences de ses choix. Il pense qu'il a raison, d'ailleurs il a peut-être raison à l'instant T, sauf que si le procrastinateur levait la tête pour voir au loin et non le bout de son nez, il découvrirait obligatoirement les chemins menant à la conséquence de ces choix tardifs !

Il est évident qu'une organisation de chaque jour est essentielle à la sortie de cette habitude… Si on peut nommer cela de cette façon !

Je vous recommande vivement de faire une liste des priorités. Notez à l'encre bleue et sur une page blanche unie, tout ce que vous devez faire dans les mois à venir… sans vous occuper de date, d'urgence… Notez tout ce qui vous vient à l'esprit… Vous oublierez forcément des faits, qui viendront se glisser plus tard dans votre tableau…

Dans tous ces événements nombreux qui peuvent être médicaux, des réparations de matériel, des sorties, des rendez-vous entre amis… certains sont déjà datés par la force des choses. Une invitation pour le jour de Noël sera notée le 25 décembre et pas le 25 janvier ! Idem pour toute autre religion ! Votre liste va déjà se raccourcir par ce datage...

Là où les choses se compliquent, c'est de faire une analyse des éléments qui restent afin de pouvoir les dater ! C'est là que le procrastinateur peine dans la tâche qui est non seulement ardue pour lui mais peut se révéler totalement impossible à faire !

Vous devez donc faire une analyse plus précise. Dans mon entourage, il y a un procrastinateur de premier ordre !!! Pour vous donner un exemple flagrant de cette analyse, ce dernier a pris possession d'une maison dont il était le propriétaire. Déjà, il a attendu le dernier jour pour préparer son déménagement, il a donc oublié tout un tas de choses dans son ancienne maison, ce qui lui a valu énormément de problèmes les mois suivants ! Il habite donc cette belle maison en résidence principale. Au bout de quelques semaines, des problèmes de chauffage se sont révélés... Il aurait pu, comme tout un chacun, faire le nécessaire pour réparer sa chaudière, éviter les baisses de pression dans le circuit... Nous sortions de l'hiver à ce moment-là... Sauf que ce procrastinateur a toujours le temps... Ces problèmes sont survenus à la fin de l'hiver dernier... Il a donc eu tout le printemps, tout l'été et tout l'automne pour prendre en charge ce problème. Nous sommes actuellement au début de l'hiver d'après et devinez quoi !

Oui, il a cherché en urgence, un dépanneur, qui a oublié également le rendez-vous !!!

Voyez jusqu'où cela peut mener :

Le procrastinateur s'est mis en colère, a pris sa voiture et a été voir le dépanneur pour lui inculquer la précision d'un rendez-vous et de mettre tout en œuvre pour que la date soit respectée parce que l'hiver approchait et qu'il avait besoin de chauffage !!!

Hallucinant, non !

Dans tout ce tohu-bohu de sa propre vie, un volet roulant électrique tomba en panne et c'est au bout de plusieurs semaines qu'il fit venir le réparateur... A ce jour, ce volet roulant n'est toujours pas réparé, le cache intérieur est ôté depuis longtemps, laissant passer l'air glacé du matin...

Un procrastinateur dans toute sa puissance... Je n'imagine même pas le montant de la facture de gaz pour le chauffage puisque la chaudière qui est programmée à

23°, n'est capable que de donner une température de 20° !!!

Je vous explique tout cela pour vous montrer qu'elles sont toutes les conséquences que peut vous apporter la procrastination…

Alors faites de votre mieux pour régler les petits soucis de votre vie dans un minimum de temps. Non seulement cela va vous apporter une liberté d'esprit appréciable parce que votre problème sera réglé et vous n'aurez donc plus à y penser, à le reculer encore et encore…

Vous apprécierez la légèreté de votre vie, vous règlerez **de plus en plus vite**, et **de mieux en mieux** les problèmes dont vous trouverez les solutions… Vous sortirez donc du lot des gens qui ne finissent jamais rien et qui ne commence d'ailleurs rien non plus !!!

C'est donc à vous de faire votre liste des choses à faire… de les dater, d'en noter l'importance, de trouver les plus urgentes…

Un peu de courage, vous verrez c'est simple comme bien des choses !

En avez-vous besoin ?

Dans notre vie, nous accumulons l'éducation psychique dans tous les domaines. Nous subissons donc cette instruction parentale dès notre naissance. Nos parents, fiers de leur devenir, nous inculquent les us et coutumes de la famille exempt de compréhension de la négativité que cela nous apporte…

Lorsque nous découvrons le mot « éducation », nous pensons à juste titre que le fait d'être éduqué nous apporte un certain développement de nos facultés intellectuelles, morales et physiques… L'éducation nous apporterait donc les moyens de vivre dans ce monde et offrirait un résultat d'activité et de développement tout comme un troupeau domestique que l'on éduque pour qu'il puisse donner le meilleur de lui-même : lait, viande, œufs…

J'explique depuis longtemps la pyramide de Maslow, vous pouvez d'ailleurs la trouver sur le net…

L'éducation humaine inclut des compétences et des éléments culturels caractéristiques au lieu géographique et de l'histoire de ce même lieu auquel il faut ajouter le vécu de la famille dans laquelle nous arrivons !

Savez-vous qu'étymologiquement « éducation » signifie « Guidée hors de » !

C'est donc ce qui nous arrive lorsque nous acceptons cette méthode d'éducation... Sans nous en rendre compte, nous acceptons au fil du temps, au fil des années, d'être guidé hors de notre chemin et d'être l'un de ces humains obéissants qui a perdu tout pouvoir !

Notre cerveau est englué dans une éducation non conforme à notre potentiel Divin. C'est pour tout le monde pareil parce que chaque pays dans ce monde dispose de son propre système éducatif... On a convaincu les parents ou toute autre personne s'occupant de l'enfant, qu'ils avaient un rôle prédominant pour leur avenir et qu'ils devaient les amener aux traditions de l'âge adulte.

De nos jours, l'éducation est encore considérée comme l'élément le plus important dans la vie des enfants ! N'entendons pas les politiques exprimer leur questionnement sur d'éventuelles ruptures scolaires dues à des échecs de vies sociales... Un système éducatif est donc performant par l'obéissance qu'il apporte aux humains de ce monde et vous êtes donc considéré comme défavorisé dans la vie si vous n'y avez pas accès.

Et si c'était le contraire !

En effet, l'école vous enseigne à être le meilleur, à dépasser vos amis, à ne pas hésiter à prendre la place d'autrui !!! Elle enseigne la compétition, à obtenir toujours plus exempt de joie de ce que l'on a déjà !

Le mot « éducation » est directement issu du latin educatio qui lui vient directement de ex-ducere…

- Ducere signifie conduire, guider, commander
- Ex quant à lui signifie hors de…

Tout est dit…

Lorsque l'on parle d'enseignement, cela réfère à une éducation bien précise telle qu'une transmission de connaissances dans le langage parlé et écrit. Le mot latin « insignis » quant à lui signifie avant tout

- Remarquable
- Marqué d'un signe
- Distingué…

Je préfère donc l'enseignement que j'ai trouvé par force de recherche, de travail sur moi-même, avoir quitté l'école très tôt que d'avoir suivi un chemin qui n'était pas le mien pour devenir un pantin obéissant… L'éducation a placé les humains sous la coupole de gouvernements alors que ces derniers ont été élus par eux !!! Je sais, ce paraphe va en faire râler plus d'un (e) mais tant pis !

Lorsque vous désirez quelque chose, un événement, un objet, une expérience, posez vous toujours la question

- En avez-vous besoin ?

Avoir besoin de ce que vous désirez, doit vous faire ressentir une nécessité absolue à son arrivée dans votre vie… Une joie incommensurable doit se faire ressentir en vous lorsque vous y pensez. Les conséquences de ce choix doivent être analysées pour que tout se mette en place facilement…

- Allez-vous faire du mal à votre voisin, à l'humanité ?
- Est-ce bien pour vous ? parce que si ce n'est pas bien pour vous, cela ne sert à rien de focaliser sur ce sujet !!!
- …/…

Si vous avez une réelle nécessité de ce désir, de ce souhait dans votre vie, analysez profondément ce que cela pourrait non seulement vous apporter, mais également ce que cela apportera aux autres !

Est-ce vraiment indispensable à votre vie ou pouvez-vous vous en passer ? Dans ce dernier cas, votre souhait, votre désir ne serait qu'un caprice ni plus ni moins... donc inutile à sa réalisation. Votre focalisation sur ce sujet entrainera donc des conséquences non négligeables pour vous par un ralentissement de la créativité.

C'est à ce moment-là que beaucoup de gens stoppent leur évolution en pensant à tort que « cela ne fonctionne pas » …

Et pour cause !!!

Que voulez-vous vraiment ?

La focalisation d'un souhait que vous désirez exempt de certitude de sa nécessité dans votre vie, vous apporte plus de négatif que vous ne le pensez !

Tout est une question d'ondes !!!

Il me semble que bien des humains se sont amusés à lancer des cailloux dans l'eau pour faire des ricochés !!! Avez-vous remarqué les ondes de mouvements qui se forment sur la surface de l'eau ? Ceci est bien plus visible sur un lac, un étang… Quand vous jetez un caillou dans l'eau, ces ondes se forment et voyagent jusqu'au summum de leur possibilité qui peut être justement les bords du lac… Jetez d'autres cailloux et vous remarquerez que d'autres ondes naissent et qu'elles vont à la rencontre des autres formes ondulantes à la surface de l'eau…

Les ondes hertziennes sont des modifications des champs électromagnétiques…Elles se propagent, elles voyagent telles les ondes sur le lac.

Leurs longueurs d'onde et leurs fréquences codent toutes sortes d'informations dont la voix et **l'image**. Ce n'est pas un hasard quand on dit que deux personnes ne sont pas la même longueur d'ondes !!!

Dans l'air comme dans le vide, elles passent d'antennes en satellites et sont idéales pour la radio, la télévision et la téléphonie mobile ! Cette dernière utilise des fréquences situées entre 900 et 1 800 MHz. Il en est de même pour le cerveau… sauf que les ondes sont différentes. Votre cerveau est un satellite parmi les 7 800 000 000 de satellites humains !

On a vu à plusieurs reprises que le cerveau fonctionnait de la même manière que tous ces appareils radiotéléphoniques ! D'ailleurs n'ont-ils pas été créés par des hommes et femmes dont les connaissances en ce fonctionnement étaient précises et certaines ?

Notre cerveau émet donc des ondes delta, thêta, alpha, bêta et gamma. Ces ondes sont en osmoses avec les pensées que nous émettons. Les pensées, les paroles négatives telles que le terrorisme, meurtre, catastrophe naturelle… correspondent aux ondes qu'elles attirent. De même pour les pensées positives comme la mansuétude, le pardon, la gratitude, l'Amour ont leur correspondance dans les ondes hertziennes…

On divise les ondes cérébrales en 4 voire 5 fourchettes, dont les appellations viennent du grec ancien :

- Ondes delta : de 0,5 à 4 Hz, celles du sommeil profond, sans rêves.

- Ondes thêta : de 4 à 7 Hz, celles de la relaxation profonde, en plein éveil, atteinte notamment par les gens pratiquant la méditation à la perfection.
- Ondes alpha : de 8 à 13 Hz, celles de la relaxation légère et de l'éveil calme.
- Ondes bêta : 14 Hz et plus, celles des activités courantes. Étrangement, les ondes cérébrales passent au bêta pendant les courtes périodes de sommeil avec rêve (sommeil paradoxal), comme si les activités du rêve étaient des activités « courantes ».
- Il arrive aussi qu'on parle d'ondes gamma qui se situeraient au-dessus de 30 ou 35 Hz et qui témoigneraient d'une grande activité cérébrale, comme pendant les processus créatifs ou de résolutions de problèmes.

C'est votre travail personnel qui fera augmenter votre taux vibratoire.

Les ondes que vous émettez ont des influences intérieures et extérieures… Revenons aux ondes que nos cailloux jetés dans le lac ont créés… Lorsque ces dernières arrivent aux limites de ce qu'elles peuvent chevaucher, elles reviennent en leur centre, lieu de leur naissance. (Cause à effets) Tout comme vos pensées peuvent vous revenir…

Cependant, si aucunes limites ne les retenaient dans ce lac, que leur adviendrait-il ? Elles se propageraient dans l'Univers, voguant dans le vide et ondulant sans limite vers d'autres planètes…

La puissance de notre cerveau évolue donc dans un monde totalement ouvert, dans un monde de tout est possible.

Voyons un peu les possibilités terrestres…

Fréquences	Longueur d'onde
0,1-3 Hz	100 000 Km à 1 000 000 km
3-30 Hz	10 000 km à 100 000 km
30-300 Hz	1 000 km à 10 000 km

N'oublions pas par ailleurs, que le cerveau est divisé en deux hémisphères, le gauche et le droit… Chacun dirigeant sa partie… Ensuite il y a plusieurs aires, chacune ayant une fonction importante : aires du langage, de la sensibilité corporelle, de l'émotion, etc. En ce qui concerne les hémisphères, on sait qu'ils fonctionnent le plus souvent dans une relative indépendance, et que le gauche, généralement dominant, est le siège de la logique et du rationnel, tandis que le droit est celui de la créativité.

Lorsque nous remarquons la longueur d'onde ci-dessus, on s'aperçoit par ailleurs que nous sommes vraiment reliés les uns aux autres. Nous constatons également que sur la fréquence 0.1-3 Hz, qui mesure entre 100 000 à 1 000 000 km, nous sommes bien nombreux à penser et à émettre entre 60 000 et 70 000 pensées par jour !

Tout s'explique de mieux en mieux et le voile se lève sur l'obscurité pour l'illuminer de Lumière !

La fréquence des ondes cérébrales varie donc selon le type de pensées dans lequel on est engagé, comme je le disais plus haut, un sportif professionnel n'arrive pas dans le domaine Pro exempt d'efforts ! C'est un travail de chaque jour et tout le long de votre vie !

C'est une évidence…

Tout cela pour en venir à…

Focaliser sur un souhait que vous désirez et qui ne vous est pas utile, vous fait émettre des ondes négatives, sur un retour que vous ne désirez pas ! (Cause à effets)

Le fait de désirer un élément, une expérience alors qu'il n'y a pas d'urgence à l'avoir, que vous n'en avez pas un besoin absolu vous fait émettre une onde de désir positive très vite contrariée par une onde de négativité du fait que votre besoin à le recevoir n'est pas si évident. D'où l'importance à faire une liste de ses désirs, de ses souhaits et de les classer sur une échelle de 1 à 10 en importance. 10 étant le plus élevé.

Le fait de focaliser sur une chose telle qu'une voiture très onéreuse alors que vous ne touchez que le SMIC, fait que vous n'émettez pas les bonnes ondes pouvant vous l'apporter parce que vous doutez. Vous la voulez vraiment, sauf que vos ressources financières ne vous le permettent pas et il y a donc une contradiction dans votre choix. Vous devez donc avant d'en arriver à cette voiture, passer par d'autres véhicules moins chers, qui vous plaisent tout autant… pour arriver à une harmonie entre votre désir et vos possibilités…

L’importance est donc portée sur une voiture moins chère à une hauteur de 10 et la seconde sur une hauteur de 5…

Comme je le disais, le chemin pour créer peux parfois être sinueux. On peut penser à juste titre que nous nous éloignons de ce que nous désirons, sauf que notre Double, notre Paire, nous y emmène par le biais de chemins doux, certes plus longs cependant tournés dans la bonne direction.

Le doute, le stress, l’énervement agissent sur les ondes cérébrales et c’est comme un aimant qu’ils vous apportent ce dont vous ne voulez plus !

Faites-vous plaisir !

Faites-vous donc plaisir…

Pour accéder aux ondes Gamma, il faut impérativement vous faire plaisir… tout en faisant bien-entendu les exercices journaliers cités ci-dessus et surtout la programmation du soir avant de vous endormir.

Quand on se fait plaisir, on ressent des sensations agréables. Elles sont ressenties lorsque nous sommes heureux… Cette joie peut provenir d'un événement, d'une relation, de la famille… C'est magnifique

Les ondes dégagées lors d'un régime sont diverses et variées. Vous êtes heureux parce que vous avez pris la décision de faire un régime. Vous allez tenter de maigrir pour arriver au poids que vous désirez, affiner votre taille et être celle que vous souhaitez devenir.

Les privations que vous allez vous faire subir seront en majeure partie bénéfiques à votre santé, donc vous allez émettre de bonnes ondes. Certains aliments dont vous allez vous séparer ne vous feront regretter en rien votre décision…

Cependant, certains aliments, certains repas que vous désirerez et dont vous vous priverez, vous feront émettre ces ondes en totale contradiction avec votre désir de maigrir. Tout comme le fait de souhaiter un poids qui ne vous correspondrez pas… Désirer arriver à votre poids de forme serait donc plus judicieux. Qui sait, vous seriez peut-être plus à l'aise et en meilleur santé que de vouloir à tout prix arriver à un poids qui ne conviendrait pas à votre corps !

Il ne s'agit pas de manger n'importe quoi, seulement de vous faire plaisir, le jour où vous désirez ardemment manger quelque chose que vous ne mangez pas d'habitude ! Je me souviens d'un désir fulgurant de sandwich au salami que j'eu il y a quelques années… vous savez, le désir qui vous fait saliver, vous en avez vraiment envie… Pourtant je ne manger plus de viande ou très peu !!! Faites-moi confiance, je me suis vraiment régalée ce jour-là ! Mes ondes étaient donc en totale harmonie avec mes désirs… Une frustration peut amener des ondes négatives et le contraire de ce que nous souhaitons.

Être capable de ressentir cette émotion de plaisir nous amène à un équilibre psychologique, au bonheur, à la joie de vivre notre vie. La puissance de cette émotion, de ce sentiment varie suivant la situation, si cela devient une habitude ou un événement rare, de l'intention que vous aviez de vivre cela…

Le plaisir se caractérise très souvent par :

- Une sensation intense de joie et de bonheur
- Une euphorie, le rire fuse, vous êtes heureux
- Une sensation de béatitude
- Des larmes de joie peuvent apparaitre
- Une jouissance
- Un émerveillement, un enchantement

- Un relâchement musculaire
- Une baisse de l'anxiété et des émotions négatives surtout si vous pratiquez l'EFT ou l'EMDR

C'est à vous de faire en sorte que cette émotion positive dure plusieurs heures. Entretenez-là, pensez aux émotions que vous avez ressenties, au bienêtre dans lequel vous baignez… Magnifiez tout ceci !

Ces émotions peuvent être toujours présentes, c'est à vous de choisir, c'est votre libre arbitre. Ce petit 1 millième de votre Être qui vous permet de choisir le bon chemin.

La loi du don et du respect de l'Univers

Le don est un art ! Ce n'est pas dû à tout le monde de pouvoir donner rien qu'un pourboire ! Je connais une personne qui est très aisée et qui ne donne pas un centime de pourboire ! Cette personne est tellement dans le paraitre, dans l'égo, qu'elle ne s'aperçoit pas qu'elle loupe un élément important de la Vie.

Il y a un adage merveilleux en ce qui concerne le don :

Il faut savoir donner, oui donner, pour recevoir…

Nous pouvons donner de différentes manières. Nous avons tous autant que nous sommes sur cette fabuleuse planète la possibilité de donner, à notre manière et suivant nos opportunités et nos possibilités…

Nous pouvons donner du temps si nous n'avons pas les moyens financiers :

- Nous donnons à notre employeur une partie de notre temps afin de concrétiser notre but. Il faut donner avec Amour et respect. Le travail que vous faites, faites-le, le plus consciencieusement possible ! Les erreurs, si erreurs il y a, sont faites par ignorance et non pas volontairement, n'oubliez jamais que vous paierez le prix à l'Univers en énergie ! Rien ne nous est épargné sinon assurez-vous d'avoir un crédit pour ce que vous allez faire… Le crédit en question peut être des heures supplémentaires, des pauses non prises qui du coup augmentent votre crédit au don. Si vous faites une erreur, si vous vous trompez, ce qui peut arriver à tout le monde, votre crédit pâlira à cette erreur et équilibrera les choses pour rester dans le positif.

- Donner votre temps à des associations pour aider les plus démunis est un merveilleux acte… Participez à donner suivant vos disponibilités et vos possibilités.
- Ramassez le papier de bonbon que vous mettez par terre, sa place dans la matière est dans la poubelle. Jetez vos mégots de cigarettes dans une poubelle et veillez à ce qu'il soit correctement éteint ! Vous paierez le prix de l'incendie, le cas échéant !
- Les excréments de votre animal domestique sont ramassés aussi, et jetés à la poubelle. Aimeriez-vous mettre le pied dans un excrément lorsque vous vous promenez ? Non bien entendu, vous râlez et injuriez le parfait inconnu propriétaire de l'animal et qui n'a pas eu le courage de ramasser cela… N'ai-je pas raison ? Pourtant vous n'hésitez pas à faire la même chose ! Je peux vous dire en toute sincérité, que j'ai fait ce genre de chose et on m'a remis sur le droit chemin en me demandant de ramasser… J'ai répliqué un merveilleux merci de tout mon cœur !
- Faites aux autres ce que vous avez envie que l'on vous fasse…

- Lorsque vous stationnez votre véhicule, vous prenez combien de place de parking ! Vous avez une voiture et une place suffit donc largement, mais la façon dont vous allez vous garer est primordiale aussi : bien droit, les roues bien droites, dans votre espace de stationnement, ni trop près du trottoir, ni trop près de la route, bien au milieu !
- Que dire des personnes qui se garent sur les emplacements Handicapés ! Si vous avez lu consciencieusement ce livre, vous comprenez aisément ce qu'elles s'apportent en ignorant totalement le respect de ces places…
- Vous avez des soucis de finances : Inscrivez-vous dans des associations et donnez votre temps !
- Si par bonheur, vos finances vont bien, donnez 10 % de ce que vous gagnez. Ce don peut être autre que financier. Si vous donnez, vous devez le faire avec le cœur, tout comme se faire plaisir.

Le don est un signe envoyé à l'Univers lui indiquant votre compréhension à sa demande !

La propreté est également un élément des plus essentiel à votre réussite…

J'entends beaucoup de gens râler sur la saleté de leur ville, que les agents municipaux ne font pas leur travail, qu'ils patati et patata…

Une petite question !

Qui a jeté le papier par terre ? Qui ne l'a pas ramassé ? Qui laisse les canettes sur les trottoirs parce que ces gens sont payés pour les ramasser ?

N'oublions jamais une chose : Lorsque ces agents municipaux n'existaient pas, nous avions des villes relativement propres car nous étions responsables de ce que nous faisions. J'entendais souvent ma mère et ma grand-mère me dire : ramasse ton papier et va le mettre à la poubelle !

Nous sommes donc dans le même cas que tous ces animaux d'élevage à qui on a ôté tout pouvoir de décision parce que quelqu'un s'occupe d'eux. Ils ont accepté que l'on s'occupe d'eux en oubliant que la décision de vivre ne leur appartient plus. Nous perdons donc notre liberté sans réagir… la liberté de construire notre vie et de s'en responsabiliser… Nous nous apportons toujours ce à quoi nous pensons !

Si nous avions un tant soit peu de courage et de respect envers nous-même, envers le Monde dans lequel nous vivons, nous n'aurions pas besoin d'agents municipaux pour ramasser les crottes de nos animaux, pour ramasser les canettes de bière, pour ôter les papiers qui traînent dans les pelouses, pour ramasser les détritus que vous laissez après un piquenique ou ramasser les mégots de cigarettes que les fumeurs jettent sur le sol. Une simple poubelle suffirait, comme il y a 40 ans environ !

Imaginez quand même que la ville de Chamonix a mis en place une Interdiction de laisser les détritus au sommet du Mont-Blanc, parce qu'en fait cet endroit merveilleux est devenu avec le temps et le modernisme une vraie poubelle

! Les randonneurs et les escaladeurs, ne pensent même pas que cela pourrait nuire à la faune et à la flore ! Non, ils se disent tout simplement : « Personne ne saura que c'est moi et personne ne verra » ...

Pour certains objets comme les sacs plastiques, cela demandera à mère nature plus de 200 ans pour les faire disparaître...

Il suffit pourtant à l'homme de s'abaisser pour ramasser les détritus qu'il dépose et de le mettre dans un sac poubelle... 5 secondes !

Nous sommes responsables de ce que nous faisons, de ce que nous disons... Nous sommes cela ! Veuillez à toujours être dans un endroit propre Parce que vous vivez et vous travaillez dans l'énergie Unique et que tout le monde vous regarde... Cet adage est excellent pour toutes les actions de votre vie, chaque jour...

Il est donc logique de l'appliquer pour votre maison, vos vêtements, votre vaisselle, vos carreaux, mais également votre voiture ! Nous les femmes, nous avons un peu de mal avec cela ! On conduit et c'est tout, parce qu'on a laissé à l'homme, le soin de s'occuper de la voiture ! Nous considérons que c'est une tâche principalement masculine. Et bien on a tout faux ! On doit s'occuper de notre voiture comme si elle était une partie de nous-même, parce que dans l'absolu, c'est parfaitement le cas ! Notre maison, nos vêtements, nos chaussures, nos armoires, doivent être propres, impeccables, d'une netteté irréprochable. Je répète encore et encore : Réfléchissez à la conséquence de vos actes et de vos décisions !

Vous vous créez à chaque instant… Quel que soit le côté vers lequel vous vous tournez au moment de l'endormissement ! Nous devons avoir constamment en tête le fait que ce que nous créons, nous allons le vivre et que notre double de Lumière, vivant dans le Passé le vivra également. Aimerions-nous lui faire vivre ce que nous vivons actuellement ? La réponse est toute trouvée !

L'homme crée sa vie à chaque instant avec ses pensées, qui, à son état d'énergie, d'ondes vibratoires, d'ondes hertziennes nous donne le schéma idéal. Il est connu que l'homme pur a une forme de sphère de champ subtil de Super-Conscience. Cette forme dépend de la conscience, de son taux vibratoire.

A l'intérieur de notre organisme, nous avons notre Essence, notre Être Divin, notre pensée.

C'est notre regard qui stoppe les ondulations de création, fixant ainsi l'image que nous vivons chaque jour.

Il faut savoir S'endormir du bon côté, connecté avec le Passé, ce Double qui viendra nettoyer les pensées, les créations négatives de chaque jour, harmonisant votre vie avec la sienne… Votre force à appliquer cette méthode, vous fera créer La Vie que vous auriez dû vivre depuis votre naissance, en parfaite harmonie avec votre double de Lumière qui sélectionne, trie et actualise le meilleur pour vous deux, le meilleur pour l'humanité et en privilégiant la Paix dans le monde…

Qu'attendez-vous ?

Apprendre la maîtrise de vos émotions vous aidera à augmenter vos ondes hertziennes et modifier votre vie. Un monde de Paix est possible. Puisque le Futur est le monde de tous les possibles, la Paix, la sérénité, l'abondance positive sont également possibles. Reprenons les rênes de notre vie pour enfin gérer les énergies négatives et les modifier en énergies positives. Laissons notre Double, notre autre nous-même actualiser le meilleur pour nous et l'humanité. Vivons notre vie dans la joie et le bonheur de l'union de la Trinité.

Le Créateur de toute chose est immensément intelligent… Les Lois Universelles sont magnifiques, elles sont faites pour que tout être vivant quel qu'il soit, soit aimé, respecté dans tout l'Univers…

Voyons un peu la prière Notre Père… avec les synonymes…

Notre Père, qui es aux cieux

- Père : Homme qui a engendré un ou **plusieurs enfants**
- Père en théologie : **La première personne de la Trinité**

Notre Paire qui est dans le Passé

Que ton nom soit sanctifié

- Sanctifier : célébrer, fêter
- Nom : Mot servant à nommer les êtres animés et les choses (gloire, noblesse, célébrité…)

Que ta gloire soit célébrée

Que ton règne vienne

- Régner : Exercer le pouvoir comme roi, reine
- Règne : être, conduire, habiter, guider…

Que ton pouvoir m'habite

Que ta volonté soit faite sur la terre comme au ciel

- Volonté : intention ferme, détermination
- Terre : pomme, globe humanité, bienveillance bonté….

Que ta détermination soit faite dans le Présent comme dans le Futur

Donne-nous aujourd'hui notre pain de ce jour

- Pain : définition espace sémantique

- Espace sémantique : Espace multidimensionnel permettant de représenter le sens des mots.
- Donner : être orienté vers

Oriente-moi aujourd'hui vers le sens de mes mots

Pardonne-nous nos offenses

- Pardon : tolérer, admettre, excuse
- Offenses : erreurs

Admet mes erreurs

Comme nous pardonnons aussi à ceux qui nous ont offensés.

Comme nous admettons aussi Que le Futur puisse faire des erreurs

Et ne nous laisse pas entrer en tentation

- Entrer : pénétrer, commencer à faire quelque chose
- Tentation : séduction, attrait

Commençons à séduire ce Futur

Mais délivre-nous du Mal.

- Délivre : mettre en liberté, accoucher
- Mal : C'est le mal que l'homme subit, et non commet : autrement dit le malheur

Et libère-moi du malheur que je subis

Ce qui donne en respectant les synonymes et définitions diverses données aux mots de cette prière :

Notre Paire qui est dans le Passé

Que ta gloire soit célébrée

Que ton pouvoir m'habite

Que ta détermination soit faite dans le Présent comme dans le Futur

Oriente-moi aujourd'hui vers le sens de mes mots

Admets mes erreurs

Comme nous admettons aussi que le Futur puisse faire des erreurs

Commençons à séduire ce Futur

Et libère-moi du malheur que je crée

N'a-t-elle pas plus de sens ?

Table des matières